Egon Erwin Kisch

Die drei Kühe

Egon Erwin Kisch

Die drei Kühe

Eine Bauerngeschichte zwischen Tirol und Spanien

Mit Illustrationen von
Amado Oliver Mauprivez

Herausgegeben und kommentiert von
Joachim Gatterer

Die Drucklegung erfolgte mit Unterstützung der Abteilung Deutsche Kultur in der Südtiroler Landesregierung, der Region Trentino Südtirol, der Stadtgemeinde Bruneck, und der Forschungsplattform Politik-Religion-Kunst an der Universität Innsbruck.

AUTONOME PROVINZ BOZEN SÜDTIROL
PROVINCIA AUTONOMA DI BOLZANO ALTO ADIGE
Deutsche Kultur

politik religion kunst
plattform für konflikt- und kommunikationsforschung

REGIONE AUTONOMA TRENTINO-ALTO ADIGE
AUTONOME REGION TRENTINO-SÜDTIROL
REGION AUTONÓMA TRENTIN-SÜDTIROL

Stadtgemeinde Bruneck
Città di Brunico

Der Abdruck der Reportage „Die drei Kühe. Eine Bauerngeschichte zwischen Tirol und Spanien“ von Egon Erwin Kisch erfolgt nach der Erstausgabe 1938 und mit freundlicher Genehmigung des Aufbau-Verlags.

2., durchgesehene Auflage

ISBN 978-88-7283-425-1

www.raetia.com

Layout und Umschlag: Dall'O & Freunde

Herstellung: A&D

Druck: Dipdruck, Bruneck

Der Autor: EGON ERWIN KISCH

„Ich?“, fragte er und wurde über und über rot vor Verlegenheit. Daß er so auf meine Anrede reagieren würde, hatte ich mir gedacht, deshalb hatte ich mich ja gerade an ihn gewendet, obwohl viele andere sich begierig zeigten, mir ihren Weg nach Spanien zu erzählen. Er aber hatte stumm im Hintergrund gesessen und mit großen Augen den Abenteuern gelauscht, die die Genossen vom österreichischen Bataillon „12. Februar“ bestanden hatten auf ihrem Weg von Österreich bis nach Albacete in Spanien.

Seine Augen waren auch dann groß, wenn er nicht zuhörte. Über die hohe Stirn fiel eine dunkelblonde Strähne, weit holte sein Hinterkopf aus, bevor er sich zum Nacken senkte, und sein Mund glich in seiner Schwingung einem Mädchenmund, wie er denn überhaupt einem jungen gesunden Mädchen ähnlicher sah als einem Bürgerkriegssoldaten.

„Und wie bist *du* hergekommen?“, hatte ich mich an ihn gewandt.

„Ich?“, fragte er.

„Ja, du.“

„Ich bin einfach mit der Bahn nach Paris gefahren und von dort hergekommen wie alle anderen.“

„Warst du Arbeiter?“

„Ich war Bauer.“

„Bauer? Du meinst wohl: Landarbeiter.“

„Nein, ich hab' ein kleines Anwesen gehabt in Tirol.“

„Da hattest du also Geld?“

„Geld hab' ich keins gehabt, ich hab' meine Küh' verkauft, um herzufahren.“

Die Kameraden ringsumher fingen zu lachen an. Keiner von den Kameraden ringsumher hat seine Fahrkarte nach Spanien aus seinem Bankkonto bezahlt. Viele von ihnen hatten irgendetwas veräußert, der eine vielleicht einen ererbten Rollstuhl mit Handbetrieb, der andere eine Schmetterlingssammlung, der dritte ein Maskenkostüm (Ritterrüstung aus Pappendeckel), der vierte ein Tandem, vorne Herrensitz, hinten Damensitz, der fünfte, sechste sonst welche andere eigenartige Sachen. Aber – Kühe! Daß jemand seine Kühe verkauft, damit er in Spanien gegen den Faschismus kämpfen könne, schien ihnen maßlos komisch.

Ihn jedoch, den meine bloße Anrede in Verlegenheit gebracht hatte, brachte das Lachen der Kameraden gar nicht in Verlegenheit, er lachte mit und erzählte frei und ohne Scheu, wie das war mit seinem kleinen Anwesen in Tirol und wieso er kein Geld hatte, obwohl er ein Bauer auf eigenem Grund mit eigenem Viehstand war. Ermuntert, auch zu sagen, wie in ihm die Absicht entstand, nach Spanien zu gehen, sagte er auch das, nicht mehr und nicht weniger, sachlich und gerundet, nie über den Bereich der Frage hinausgehend und mit einem Schlußpunkt, den er definitiv hinsetzte, um Frager und Hörer nicht zu ermüden, falls sie sich für nichts Weiteres interessieren sollten. Ich mußte wieder fragen, wie sich sein Entschluß verwirklicht, wie er die Kühe verkauft, die Reise vollzogen und wie sein Schicksal im Krieg sich gestaltet hatte, bevor er je einen Bericht zur Antwort gab, wiederum jeden als ein abgeschlossenes Kapitel. Es wurde eine Bauerngeschichte, aber eine anderer Art als die, die man bei Peter Rosegger oder bei Adolf Pichler oder bei jenem Berthold Auerbach liest, über den der Schüttelreim geht: „Ganz anders ist der Bauer, ach – als wie bei Berthold Auerbach.“

Der Bauer, der uns hier im Kreise seiner Kameraden seine Bauerngeschichte erzählt, heißt Max Bair, ist ein Tiroler, zwanzig Jahre alt, im Weltkrieg geboren. Sein Vater war Bauer und hatte den Hof geerbt, den er später seinem Sohn vererbte, einen kleinen Hof zwischen dem kleinen Weiler Staatz und dem kleinen Weiler Salfaun. Wipptal heißt die Gegend, und man kann dieses Tal nur dann ein Tal nennen, wenn man eben jeden Zwischenraum zwischen zwei Bergen ein Tal nennen will. Die Landstraße hat gerade noch Platz in der schmalen Furche, die Eisenbahn muß sich ihren Weg schon höher oben suchen, auf dem Abhang. Auf dem Abhang stehen auch die Bauernhäuser, ihr Fundament ist ebenso schief wie die Felder. Für die Fuhrwerke ist kein Fuhrweg da, die Bauern tragen den Dünger und die Bäuerinnen die Jauche auf dem Rücken ins Feld hinauf und das Heubündel auf dem Kopf in den Stall hinab. Nur an den tiefsten Stellen des Berghangs, bevor der Fichtenbestand anfängt, ist Feld, also wenig.

Nicht in jedem Jahr kann geerntet werden. Wenn der Sommer nicht warm ist, war alle Feldarbeit vergeb-

„... Auf dem Abhang stehen auch die Bauernhäuser, ihr Fundament ist ebenso schief wie die Felder ...“

lich, die Weizenhalme stehen leer. Wenn im Winter zu wenig Schnee fällt, vereist der Boden, dann gibt's auch keine Ernte. Arm sind die Bauern im Wipptal, von hundert sind höchstens drei, deren Haus schuldenfrei dasteht. Zwangsversteigerungen sind an der Tagesordnung; zuerst wird das Inventar versteigert. Wütend sieht der Bauer, weinend die Bäuerin, wie ihre Habe geringgeschätzt und Stück für Stück davongeschleppt wird; das nächste Mal kommt das leere Haus mit dem Grundstück dran und findet meistens keinen Bieter.

Die Landstraße unten ist keine gewöhnliche Landstraße. Es ist die Brennerstraße, seit zweitausend Jahren der Hauptweg ins Italienische. Ununterbrochen sausen Autos vorbei, glitzernde, schöne Autos, aber noch keinem ist es eingefallen, in Staatz oder in Salfaun Halt zu machen, geschweige denn vor dem Bair'schen Häuschen, das just dazwischen liegt.

Bair-Vater hatte eine Frau, die hat ihm drei Kinder geboren und sich dann so lange gerackert, um das Essen für sie aus dem Hof herauszuwirtschaften, bis sie starb, zweiunddreißig Jahre alt.

So geht's also nicht, sagte sich Bair-Vater, man muß den Hof vergrößern, damit er etwas trägt. Er kaufte ein Feld, und weil er kein Geld hatte, borgte er es sich von der Raiffeisenkasse aus, 3600 Schilling, die wurden als Hypothek eingetragen. Außerdem heiratete er zum zweitenmal.

Die drei Bair-Kinder gingen nach Matrei in die Schule. Maxl lernte am besten, nicht nur am besten von seinen Geschwistern, sondern auch am besten von allen Schülern. Der Lehrer hätte es gern gesehen, daß der Bair Max studieren gegangen wäre an die Lehrerbildungsanstalt nach Innsbruck. Aber es war ja kein Geld da für so etwas. Da hat der Lehrer mit dem Pfarrer gesprochen und der Pfarrer mit dem Bair-Vater, er, der Pfarrer, könnte dem Jungen einen Freiplatz im Priesterseminar verschaffen. Auch darauf konnte der Vater nicht eingehen, weil er die Kinder ja zur Arbeit brauchte. (Avis für Leser, die glauben, mit Stipendien und

Schulgeldbefreiung sei den Kindern der Armen die gleiche Möglichkeit zum Studium gegeben wie den Reichen: Immer werden die Kinder der Armen daheim zur Arbeit gebraucht.)

Der Maxl hat schon vom vierten Lebensjahr an gearbeitet, Holz getragen, gemolken, „aber vom sechsten Jahr“, sagt Max, „hab’ ich schon Arbeiten gemacht, die Kinder erst mit zwölf Jahren machen sollen, Holz sägen, kochen, waschen, buttern“. Selbstverständlich konnte ihn der Vater nicht entbehren. „Daß ich nicht nach Innsbruck gangen bin, wie’s der Lehrer wolln hat, dös hat mi gstiert, i hätt’ gern studiert. Aber daß mich der Vater dem Pfarrer net gebn hat, dös hat mi gar net gstiert, a Pfarrer wär’ i doch net worn, dös glaub i net.“

1934 starb der Vater, ein paar Wochen lang bewirtschaftete die Witwe das Haus, kam nicht vorwärts und nahm ein Darlehen auf, 400 Schilling. Dann wurde der Bruder vom verstorbenen Bair-Bauer, ein ausgedienter Weichensteller mit 200 Schilling Monatspension, als Vormund auf das Gut gesetzt und sollte es so, wie er es übernommen hatte, dem Max bei dessen Volljährigkeit übergeben. Onkel Bair behauptete, er werde es sogar in noch weit besserem Zustand übergeben, man solle ihn nur schalten lassen. Gut. Max verdingte sich in Matrei als Holzknecht, die Schwester, kaum fünfzehn Jahre alt, ging ins Oberinntal, und die Stiefmutter im Stubaital als „Dirn“ in Dienst. Onkel Bair saß auf dem Hof, verstand nichts von der Wirtschaft, trank gern Weinschnaps und noch lieber Kranewitt’schen Beerenschnaps, machte 500 Schilling Schulden für Gespanne zur Feldwirtschaft und verkaufte schließlich die Vorratssäcke mit Mehl, die Feldgeräte und alles andere, was nicht niet- und nagelfest war, einschließlich der Bettüberzüge.

So übernahm der Max, als er im Januar 1937 volljährig geworden war, das hohle Haus mitsamt den Schulden von Stiefmutter und Onkel. Sozusagen bei seinem Einzug standen schon die Gläubiger da und mahnten, von Tag zu Tag wurden sie dringlicher. Der Max, jetzt selbständiger Bauer, mußte eine neue Schuld aufnehmen, um etwas von der alten bezahlen zu können und eine Kuh zu kaufen. 900 Schilling bekam er geborgt.

Dreieinhalb Joch hat er gehabt, fast nur Weide. Für drei Kühe hat's grad noch gereicht zum Futtern, das heißt, nur für das, was sie an Gras brauchten.

Das Essen mußte er einkaufen, für sich Mehl und für die Kühe Futtermehl. Ein wenig Kartoffeln hatte er, das Schmalz und das Salz zahlten für ihn die Kühe mit ihrer weißen, flüssigen Währung. In Staatz, ein paar Kilometer weiter, ist eine Spinnerei, deren Personalhaus ihm täglich acht Liter zu je dreißig Groschen abnahm.

Mit Buttern kommt der Bauer schlechter weg, als wenn er die Milch als Milch verkauft, der Händler will an der Butter noch mehr verdienen als an Margarine. Zu einem Kilogramm Butter braucht man 25 Liter Milch, das sind zu obigem Preis 7 Schilling 50 Groschen, aber für ein Kilo Butter werden nur 3 Schilling gezahlt, also weniger als die Hälfte von dem Wert des

Materials. Und wo bleibt die Bezahlung der Arbeit? Nur zwei Kilo butterte Max allwöchentlich für die Milchkundschaft, die sich das ausbedungen hatte, und ein drittes Kilo für sich. Jedoch aß er es nicht selbst auf, sondern tauschte es gegen zwei Kilo Margarine ein. Wie die Reisbauern in Japan zu arm sind, um Reis essen zu können, so essen die Viehbauern in Tirol nur Margarine. Wie soll man da die Schulden abarbeiten, das geht gar nicht. Wenn nicht der Bruder, die Schwester und die Stiefmutter in Dienst gegangen wären, hätten sie alle miteinander verhungern müssen, trotz ihrem eigenen Hof.

„Da hab' i halt die Küh' verkauft und bin nach Spanien gefahren, über Paris, wie alle andern hier. Das ist die ganze G'schicht."

●

Schön, Max, aber wie bist du auf die Idee gekommen, gerade nach Spanien in den Krieg zu gehen?

Da muß man zurückgehen in die Zeit, als Maxl noch ein ganz kleiner Junge war, ins Jahr 1928 nämlich. Da ist im nahen Gschnitztal ein fürchterlicher Wolkenbruch niedergegangen, habt ihr nicht davon gehört? Nun, macht nichts, es war also damals ein Wolkenbruch und gleichzeitig ist das Wasser vom Ferner heruntergekommen, alle Brücken und alle Dämme und alle Archen wurden damals in Stücke zerschlagen, und die Grundlawinen haben die Häuser weggerissen. Alles sollte wieder hergerichtet und ein Reservebett für den Gschnitzerbach gemauert werden. Seit neun Jahren arbeiten sie dort, sind noch nicht fertig, aber jede Weile wird ein Teil der Arbeiter entlassen. Unter den zuletzt Entlassenen von 1937 war ein gewisser Knotzer Johann, ein Steinmaurer und Mineur, er hat die Bäche mit Steinmauern eingedämmt und in den Steinbrüchen hat er die Sprengungen gemacht.

Zuerst, als sie ihn abgebaut haben, hat der Knotzer Johann eine Arbeitslosenunterstützung von 2 Schil-

Genosse Kisch und unser Held, der Maxl.

„... Kisch, schreib das auf ..."
Der Autor im Gespräch mit verwundeten Kameraden.

ling 10 pro Tag bezogen; nach fünf Monaten, als die Abgebauten schon zerstreut waren und nicht mehr zusammen etwas dagegen machen konnten, wurde ihnen die Unterstützung auf 1 Schilling 60 gekürzt. Johann ist in der Gegend geblieben, weil ihm gesagt worden ist, man werde ihn bald wieder einstellen, und er ist Kostgänger beim jungen Bair-Bauer geworden. Dafür zahlte er dem Max zwanzig Schilling für je vierzehn Tage.

Mit Politik hat sich der Max nie sehr viel befaßt. Als die illegale Hitlerjugend von Steinach ihn aufforderte, gelegentlich zu einem Wochenabend zu kommen, hat er ihnen gesagt, dazu sei ihm der Abend zu schade. Wanderredner der Nazis hatte er ja schon gehört und gemerkt, daß das, was sie da schwitzend und schreiend vortrugen, ihn nichts anging. Vielleicht, wenn sie etwas von Bodenaufteilung für die armen Bauern erzählt hätten oder davon, daß man Schulden nicht erben dürfe oder daß auch der Arme studieren solle, vielleicht hätte ihn das schon interessiert. Aber mit ihrer „Wehrhaftmachung" und ihrem „Schmachfrieden" konnten sie ihn am Arsch lecken, wie er auf gut tirolerisch dachte.

Von Zeitungen hat der Max die „Bauernzeitung" und den „Innsbrucker Volksboten" gelesen; darin waren eigentlich nur die Ankündigungen der Viehmärkte und die Vieh- und Milchpreise für ihn wichtig, sonst stand nicht viel Gescheites drin.

Aber der Knotzer Johann, der hat etwas gewußt von der Welt, er war ein Linzer und ein Arbeiter, und hat den Max aufgeklärt über Sowjetrußland und warum der Pfarrer von Kufstein und die Zeitungen so darauf schimpfen, und dann über den Sozialismus. Mehr darüber zu hören und zu lesen, das wurde Maxens stärkster Wunsch. Es gab im Steinbruch einen, der hatte solche Literatur, der Knotzer Johann kannte ihn und bald saßen sie mit diesem Dritten, dem Stefan, auf Maxens Hof und ein Vierter gesellte sich dazu, der Ludwig, ein Arbeiter aus der Staatzer Spinnerei, und lasen „Weg und Ziel“ und „Rote Fahne“ und andere illegale Zeitungen Österreichs, und redeten von der Sowjetunion und von Spanien.

Nach Spanien müßt' man! Nach Spanien müßt' man, um mitzutun, mitzuhelfen.

„Zu den Internationalen Brigaden“, wurde plötzlich eine ganz leise und langsame Stimme laut.

Danach sprach keiner etwas. Nachdenklich saßen sie um den Tisch, das Wort „Internationale Brigaden“ war in ihnen wie eine Sehnsucht.

Eine unerfüllbare Sehnsucht, denken sie. Es geht doch nicht, einfach zum Schalter zu gehn und eine Fahrkarte zu lösen, dritter Klasse von Matrei nach Guadalajara. Selbst wenn man Geld hätte, geht das nicht.

Der nächste Tag ist ein Samstag, wieder sitzen sie abends beisammen, die Arme haben sie auf den Tisch gelegt und schweigen. Sie schweigen alle das Gleiche: „Internationale Brigaden“.

Wie sie am Sonntag zu viert in Schönberg spazieren gehen, treffen sie den Hugo, einen Zimmermann, der

„... Nachdenklich saßen sie um den Tisch, das Wort I n t e r n a t i o n a l e B r i g a d e n war in ihnen wie eine Sehnsucht ...“

früher mit Johann und Stefan auf dem gleichen Bau geschafft hat. Jetzt arbeitet er am Bau einer neuen Finanzerkaserne auf dem Brennerpaß, gerade an der Grenze, und hat viel zu erzählen von oben. Heute Nacht seien wieder zwei junge Italiener herübergekommen, um den Weg nach Spanien zur republikanischen Armee zu machen. In den letzten Wochen kamen schon zehn herüber, einmal drei Soldaten, einmal ein Reservist, die anderen waren Militärpflichtige. Alle schimpften darauf, daß der Mussolini die ganze italienische Jugend nach Spanien verfrachtet. „Wenn wir schon nach Spanien müssen, so wollen wir dort lieber für das Volk gegen die Generäle kämpfen als für die Generäle gegen das Volk." Die österreichischen Arbeiter oben helfen ihnen so gut sie können. Sind doch auch aus Innsbruck schon Freiwillige nach Spanien gegangen.

„Aus Innsbruck?", fragen der Max und der Johann und der Ludwig und der Stefan, „von wo denn in Innsbruck?"

Das weiß der Hugo nicht, keine Adresse weiß er nicht. „Nun", meint der Stefan, „wenn wir hinwollten, eine Adress' hätt' ich schon. In einer von den Zeitungen steht die Adress' von der Redaktion. Die ist in Paris. Von dort könnten wir uns ja weiterfragen bis nach Spanien."

„Ja, das könnten wir", nickt der Max, „und das werden wir auch machen."

„Wenn wir nur a Geld hätten", seufzt der Johann.

Darauf hat ihnen der Max erklärt, er werde seine Küh' verkaufen. „Das hab' ich g'macht", sagt uns der Max, um seinen Bericht abzuschließen, „und alsdann sind wir Vier über Paris nach Spanien gefahren. Das ist die ganze G'schicht."

Ob er denn seine Kühe sofort zu Geld machen konnte?

O ja, ganz leicht. Drei Kühe hat er gehabt, die „Graue", die „Moltl" und die „Schwarze". Die Graue war die beste, sie hat manchmal vierzehn Liter Milch täglich gegeben und alle Jahre gekälbert, und vier Wochen nach dem Kälbern konnte der Max schon mit ihr fuhrwerken.

Diese also, die Graue, verkauft der Max gleich am Montag einem Großbauern in Mühlen, der schon lange ein Auge auf sie geworfen hat; noch vor einem Monat hat der Großbauer 640 Schilling für sie zahlen wollen, aber inzwischen sind die Preise für Kälberkühe um hundert Schilling gefallen, und weitere dreißig Schilling zieht der Großbauer ab, weil er sieht, daß der Max sie loswerden möchte.

So hat denn der Max die Graue für 510 Schilling nach Mühlen hinaufgeführt, ganz offen, denn das kommt öfters vor, daß ein Bauer eine von seinen Kühen verkauft.

Bei der zweiten, der „Moltl“, mußte schon vorsichtiger zu Werk gegangen werden, damit die Nachbarn nicht stutzig werden und Gedanken darüber anstellen, warum denn der junge Bair-Bauer seine Kühe verkauft. Dabei war's, was die Moltl anlangt, eigentlich viel einleuchtender, daß der Max sie loswerden wollte. Die hat ja im Tag nicht weniger als zwölf Kilo Heu verfressen, ein halbes Kilo Futtermehl und ein Viertelkilo Roggen, also weit mehr als die Graue, die vier Liter mehr Milch gegeben hat.

Für 400 Schilling bietet sie der Max einem Viehhändler an, das heißt einem der Großbauern, die sich mit Kauf und Wiederverkauf von Vieh befassen. Höchstens 300, sagt der Viehhändler. Bei 320 wird man handelseins; der Max hat sich ausbedungen, die Kuh könne bis zum

„… Dorthin geht der Max … mit seiner dritten und letzten Kuh …“

nächsten Markttag bei ihm bleiben, damit er mit der Milchlieferung nicht ins Stocken komme, bevor er sich eine neue Kuh angeschafft habe. Der Viehhändler zahlt gleich ein „Kompare“ von vierzig Schilling, einen Handschlag in barem Geld, das ist bei jedem Verkauf üblich, gewöhnlich sind's aber nur 10 bis 15 Schilling.

Am 3. Juni 1937 ist Viehmarkt in Steinach. Dorthin geht der Max, nachdem er die Moltl ihrem neuen Besitzer abgeliefert hat, mit seiner dritten und letzten Kuh. Seine Schwester begleitet ihn, sie glaubt, der Max will heute drei neue Kühe anschaffen und ahnt nicht, daß alles anders ist, er noch heute auf eine lange, lange Reise gehen wird. Seine drei Freunde sind schon vorausgefahren, nach Innsbruck.

Die dritte Kuh ist die „Schwarze“, die schlechteste von allen dreien. Ob ich sie nur loswerde, denkt der

Max, der am Abend nach Spanien fahren wird, um Soldat zu werden.

Er ist kaum im Ort, noch gute zehn Minuten vom Viehplatz entfernt, da trifft er den Händler, von dem er vor vier Monaten die Schwarze für 420 Schilling gekauft hat. „Na, Bair-Bauer“, ruft der Händler, „willst sie wieder verkaufen, die Schwarze da?“

„Will sie wieder verkaufen“, bejaht der Max, „sie gibt mir zu wenig Milch. Nur neun Liter gibt sie, und du hast gesagt, sie gibt elfe.“ Das sagt der Max und er könnte zur Begründung der Verkaufsabsicht und als Vorwurf gegen den Händler noch hinzufügen, daß die Schwarze nimmer kälbert worden ist, obwohl sie in den vier Monaten schon dreimal beim Stier war. Aber das sagt der Max dem Händler nicht, damit der nicht noch weniger bietet, wenn er sie etwa kaufen will.

„Was?“, sagt der Händler, „nur neun Liter gibt sie? Wahrscheinlich gibst du ihr nicht das rechte Futter.“

„Kannst du ihr ja das rechte Futter geben, wannst sie haben willst.“ Dann handelt man so hin und her und schließlich geht die Schwarze für 280 Schilling an den Händler zurück, der sie vor vier Monaten für 420 verkauft und wahrscheinlich schon damals an dem Verkauf schön verdient hat – so viel kann der Bair-Bauer und seine Nachbarn bei aller Arbeit in vier Monaten niemals verdienen.

Nun sind die drei Kühe weg, die Graue, die Moltl und auch die Schwarze, und in der Tasche ist das Fahrgeld nach – psst, Maxl, nur Ruhe.

Zur Schwester sagt der Max: „Brauchst net nachhaus kommen zum Kochen heut. I kauf noch die Küh' und fahr' dann nach Innsbruck. Die Küh' kommen erst abends. Da hast 170 Schilling, damit ich's net verputzen tu."

Dann ist der Max nachhause gegangen und hat einen Abschiedsbrief an die Schwester geschrieben und einen Brief an den Vormund, darin hat er geraten, man soll das Haus verkaufen und das Geld aufteilen an die Stiefmutter, Schwester und Bruder.

Ade, Bair-Hof! Abfahrt nach Innsbruck. Vor dem Triumphbogen warten die drei Freunde, sie waren schon im Reisebüro, sie wissen schon alles: die Fahrkarte nach Paris kostet nicht, wie Hugo behauptet hat, 60 Schilling (vielleicht gilt das für Personenzüge?), leider kostet sie mehr, sie kostet 68 Schilling 50 trotz der Ermäßigung für Weltausstellungsbesucher, und der Zug geht um halbfünf. Um halbvier sind die Vier schon an der Bahn, um halbfünf fährt der Express Wien–Paris aus der Innsbrucker Bahnhofshalle. Ade, mein Land Tiro-o-ol, ade, mein Land Tirol.

„Dann waren wir in Paris und von dort sind wir nach Spanien. So, und jetzt wißt ihr alles von unserer Reise!"

Und auf der Fahrt, Max, und in Paris ist gar nichts passiert?

Gar nichts. Alles ist glatt gegangen. Ein bißchen haben sich die Vier im Abteil darüber Sorgen gemacht, ob sie sich durchfinden werden ohne Französisch.

„Was kann uns denn geschehen?“, sagt der Johann mit gespieltem Gleichmut, „die Adress’ in Paris ham wir ja, und die werden uns schon weiter dirischieren. Die Adress’ ist die Hauptsach’.“

Stefans Hände bewegen sich nervös in seinen Rock-, Hosen- und Manteltaschen, dann im Köfferchen. Stefan ist blaß. „I hab’ die Adress’ vergessen.“

Schöne Bescherung! Aber schließlich und endlich wird sich doch in Paris das Amt ausfindig machen lassen, das die Soldaten zu den Internationalen Brigaden nach Spanien schickt. Schließlich und endlich sind ja schon viele tausend Freiwillige nach Spanien gegangen.

Um sieben Uhr früh sind sie in Paris, der Johann, der Stefan, der Ludwig und der Max, der gestern um diese Zeit die Moltl zum Viehhändler gebracht hat und nachher die Schwarze zum Viehmarkt nach Steinach.

Paris ist etwas ganz anderes, gar kein Vergleich. Man traut sich gar nicht vom Bahnhof auf die andere Seite des Platzes zu gehen, so viele Autos rennen hin und her.

Gegenüber ist ein Hotel, Grand Hotel du Nord heißt es, und der Portier spricht deutsch. Das ist gut. Die vier Ankömmlinge wollen ein gemeinsames Zimmer, und der Portier sagt, er habe eins mit zwei Betten, da können je zwei in einem Bett schlafen. Das ist auch gut. Hundert Franken pro Tag kostet es, sagt er. Das ist nicht gut. Die Vier fragen, ob er kein billigeres hat.

Nein, antwortet er, ein billigeres hat er nicht.

„… Paris … Man traut sich gar nicht vom Bahnhof auf die andere Seite des Platzes zu gehen, so viele Autos rennen hin und her …“

Ob sie das Zimmer nicht billiger bekommen könnten, fragen sie. Ja, sagt er, da müßten sie es für einen ganzen Monat nehmen, im Monat kostet's nur 2500 Franken. Teufel, Teufel, staunen die Vier. Lacht der Portier und rühmt sich, das sei noch gar nichts, sonst kosten die Zimmer bei ihm bis zu 6000 Franken im Monat, und wirklich zeigt er ihnen solche Ziffern in seinem Geschäftsbuch.

Was bleibt den Vieren übrig? Mit den Handkoffern können sie nicht durch Paris trotten, um die Adresse der Internationalen Brigaden zu suchen. Also nehmen sie das Zimmer für 100 Franken.

Während sie im Fahrstuhl hinauffahren, denkt der Max allerhand. Seines Vaters Leben, ein Menschenleben voll Arbeit, und das Leben seiner Mutter, die sich zu Tode rackerte, hatte als einziges Ergebnis, daß sie ihren Kindern, die sich von klein auf mitgeplagt hatten, eine Schuld von 3600 Schilling hinterließen.

Immer höher fährt der Lift, und der Max denkt an die 400-Schilling-Schuld, aufgenommen von der Stiefmutter. Der Max denkt an den Bair-Onkel, den pensionierten Weichensteller, der nichts von der Wirtschaft verstand und Kranewitt'schen Beerenschnaps trank, und binnen zwei Jahren 500 Schilling Schulden machte.

Der Fahrstuhl hält. Geführt von einem Kellner gehen sie auf einem Teppich zahllose Zimmertüren entlang. In eines treten sie ein, das ist aber ein Zimmer! Der Schrank selbst ist ja ein Zimmer, das Waschbecken ist wieder ein Zimmer, in den Schränken sind Spiegel eingelassen. Dafür kostet's auch 100 Franken. Eine Woche, wenn man hier schlafen müßt', tät mehr kosten als alle drei Küh' zusammen, die Graue, die Moltl und die Schwarze.

Es heißt so schnell wie möglich aus Paris wegzukommen. Sie gehen auf die Straße. Und dann? Kurze Beratung. Zwei sollen nach rechts, zwei nach links gehen und ein Arbeiterviertel suchen. Dort wird ihnen schon jemand raten, was zu tun ist. Und mittags wollen sie einander wieder hier vor dem Hotel treffen.

Nur das Letztere klappt. Kein Arbeiterviertel haben sie gefunden und keinen, der ihnen Auskunft gegeben hätte, welcher Weg nach Spanien führt.

Sie sitzen in einem Kaffeehaus, eigentlich an einem Tisch auf der Straße, aber die Tische gehören zu einem Kaffeehaus. Die Vier haben Hunger. Sie wissen aber nicht, wie man auf Französisch ein Butterbrot mit Salami bestellt, also trinken sie Kaffee und sind traurig, so schwer hatten sie sich die Reise nach Spanien nicht vorgestellt.

Ein Straßenhändler geht vorbei, bietet Mandeln und Zuckerln an, sie kaufen Mandeln und Zuckerln, und es stellt sich heraus, daß der Händler ein Elsässer ist und deutsch versteht. Sie zwinkern einander zu: Soll man den fragen?

Als er weggeht, folgt ihm der Stefan und fragt ihn. Der Zuckerlhändler kauft eine Zeitung: „Sehen Sie, das ist das Organ einer Volksfrontpartei und da ist die

Adresse. Nehmen Sie die Métro, bei Châtelet müssen Sie umsteigen." Er schreibt es sogar auf, Umsteigestation und Endstation.

Etwas ist schon erreicht, und die Untergrundbahnbillette werden ohne besondere Schwierigkeiten gelöst. Freilich, unten im Labyrinth ist es für vier neuangekommene tiroler Buam sehr schwer, sich auszukennen. Zum Glück merkt eine Frau, wie die Vier verstört herumstehen und nur deutsch sprechen. Sie fährt mit ihnen zu der Zeitung, hat aber keine Zeit, mit ihnen hinaufzugehn.

Bei der Zeitung ist man sehr mißtrauisch und gibt nur den Bescheid, die Vier sollen in einer halben Stunde wiederkommen, bis ein Übersetzer da sein wird.

Sie warten vor dem Haus, und ein Mann tritt zu ihnen, der spricht auch ein wenig deutsch und fragt leise, ob sie weiterfahren wollen. „Ja, das eben möchten wir", erfährt er. Ob sie eventuell nach Spanien fahren würden? „Warum nicht?", sagt einer. Dazu könne er ihnen verhelfen, noch heute abend könnten sie fahren und 100 Franken bekäme jeder als Handgeld. Der Zug geht direkt nach Mailand, dann mit dem Schiff nach Spanien.

„Nach Mailand?", staunen die Vier, wieso denn nach Mailand, wieso denn nach Italien? Sie wollen ja zur republikanischen Armee, nicht zu Franco.

Aber der Fremde erklärt, das sei ein Fehler, Franco stehe militärisch viel günstiger und es gäbe dort mehr zu verdienen ...

„… Der Zug geht direkt nach Mailand, dann mit dem Schiff nach Spanien …“

Ohne ein Wort zu erwidern, ohne sich miteinander zu verabreden, ohne sich auch nur anzusehen, treten unsere Vier schnell wieder in das Zeitungshaus und warten oben auf den Übersetzer.

Der kommt schließlich, fragt sie aus nach Strich und Faden und fährt mit ihnen in einem Taxi zu einem Büro. Dort fragt ihnen wieder einer das Beuschl aus dem Leib, aber am Schluß der Aussprache, am Schluß spricht er sie mit dem Wort „Genossen" an. „Genossen, Montag werdet ihr fahren." Quartier wird besorgt für die Genossen, um sieben Uhr sind sie wieder im Grand Hotel du Nord und müssen für das Zimmer, das sie nicht benutzt haben, 75 Franken zahlen. Mit ihren Koffern ziehen sie um zu anderen Genossen.

So ergebnisreich und so glücklich endend dieser Tag auch war, der nächste Tag ist noch viel ergebnisreicher und glücklicher. Ganz zeitig stehen sie auf und gehen in die Weltausstellung. In die Weltausstellung? Sie schauen sich kaum um in der Weltausstellung auf ihrem Weg vom Eingang bis zum Sowjetpavillon, so eilig haben sie's. Sie wollen das sehen, was sie gelesen und gehört und worüber sie gesprochen haben. Drei Tage lang, vom frühen Morgen bis zum späten Abend, sind sie im Sowjetpavillon, alles fassen sie an, alles wollen sie wissen. Den Max interessiert am meisten die Viehzucht da drüben, er schaut sich die Karten an, die Dokumente, die Fotos, die Statistiken, die Zeitungen. Nein, dort kann es keine Viehhändler geben, die an einer einzigen blöden Moltl beim Verkauf mehr verdienen, als sie je tragen kann. Nein, dort kann ein junger Bauer sein Anwesen nicht so verschuldet erben, daß er es sein Lebtag nicht hochbringen kann. Dort kann es auch keine Zwangsversteigerung geben. Dort gibt es Milchkollektive und Milch- und Buttersowchose, elektrische Separatoren, Veterinärpunkte, Tierapotheken, Bauernhochschulen, Bibliotheken, Klubs, dort gibt es …

Halt, halt, Max! Wir glauben dir, daß du uns stundenlang vom Sowjetpavillon erzählen möchtest und daß du noch heute dort stündest und gafftest, wenn du nicht nach Spanien hättest abmüssen! Erzähle lieber von der Weiterfahrt.

Da gibt's nicht mehr viel zu erzählen. Von Paris aus ist es nach N... gegangen, dort hat der Max den Rest seines Geldes an die Schwester abgeschickt und ihr geschrieben, sie soll ihm einmal einen Brief darüber schicken, was zuhaus geworden ist. Rückadresse: Internationale Brigaden, Spanien. Dann ging's über die Grenze. In X... haben schon hundertfünfzig Freiwillige aus allen möglichen Ländern auf den Abtransport zu den Brigaden gewartet. Der kam bald und alle haben sich schon gefreut, es geht an die Front. Aber keine Spur, nach Y... ist's gegangen, dort sind sie dreizehn Tage lang ausgebildet worden, und nachher kamen der Max und der Stefan zum vierten Bataillon von der elften Brigade, der Johann und der Ludwig blieben noch in Y..., um einen Ausbildungskursus als Telefonisten mitzumachen.

Die elfte Brigade ist eine Internationale Brigade und ihr viertes Bataillon ist ein österreichisches Bataillon, es heißt „Bataillon des 12. Februar“ zur Erinnerung an den Tag von 1934, da sich die österreichische Arbeiterschaft gegen die Reaktion erhob.

In der mittleren Juliwoche wird das Bataillon „12. Februar“ zum Sturm auf Quijorna und Brunete befohlen, der Sturm ist siegreich, der Max und der Stefan sind auch dabei. Der Max ist nachher zum Cabo befördert worden, zum Unteroffizier, aber auf unsere Frage, warum das geschehen ist, antwortet er, das könne er nicht sagen, das wisse er auch nicht.

Dann kommt Villalba, eine Station der Ruhe und der Ausbildung, aber keiner langen. Dorthin kommen auch Ludwig und Johann, und die Vier sind wieder beisammen. Schon am 24. August sind sie bei Quinto im Gefecht, und dort wird der Max verwundet.

„Damit ist die G’schicht aus“, sagt der Max, „das war eine verflucht lange G’schicht.“ Er wischt sich den Schweiß vom Gesicht.

Sag’ uns noch, wie’s bei Quinto war, Max.

„... Der Sturm ist siegreich, der Max und der Stefan sind auch dabei ...“

Das wissen ja hier alle, wie's bei Quinto war. Um zehn Uhr vormittags wird Sturm befohlen, ohne Tanks geht es vor, der Feind ist auf den Grat eingeschossen, der zwischen ihm und uns liegt, die Republikaner haben große Verluste und ihr Angriff stockt. Die Österreicher bleiben einen halben Tag auf halbem Weg vor Quinto liegen und graben sich ein; dort teilt der Kommandant dem Max mit, daß er zum Sergeanten ernannt ist, aber auf unsere Frage, warum das gewesen ist, antwortet er wieder, das könne er nicht sagen, das wisse er auch nicht.

Um sechs Uhr abends stürmen sie nochmals und nehmen den Ostrand von Quinto, wo sie sich verschanzen. Vor ihnen ist noch die Kirche, ein Offizier und vier

Mann wollen rekognoszieren. Durch zwei Straßen kommen sie unbeschossen, als sie wieder um die Ecke biegen, kriegen sie Feuer, vielleicht aus einem Fenster, vielleicht aus dem Kirchturm, der Offizier und drei Männer sind tot, den vierten Mann der Patrouille trifft ein Explosivgeschoß in die Hüfte, zerschmettert sie, nachdem es vorher den Stil seiner Handgranate durchgeschlagen und das Holz ins Fleisch hineingetrieben hat. Dieser Mann, der sich zwischen den vier Toten vor Schmerzen krümmt, ist der Max. Aus allen Fenstern der Straße böllert's, niemand kann ihn holen, sind doch die Sanitäter nicht einmal bis zur Kompanie vorgekommen und die vier Toten und der Verwundete liegen weit vor der Kompanie, ihr unsichtbar. Drei Straßenecken sind dazwischen. Es dämmert. Keine Hoffnung für dich, Max …

Keine Hoffnung für dich, Max, wenn da nicht plötzlich jemand angekrochen käme, das ist der Stefan, und sagt: „Wollt' nur mal gucken, ob du noch lebst, Maxl."

„I leb' schon noch", sagt der Max, „aber i bin troffen."

„Dös seh' i ja", sagt der Stefan, „wart' noch a Weil', mir kommen di holen."

Da wartet der Max „a Weil'", und dann kriechen drei heran, schieben eine Decke unter ihn, der Stefan, der Ludwig und ein Wiener von der Kompanie, und tragen ihn fort, unterwegs kommt auch der Johann heran, und jetzt tragen ihn die Vier hinter eine Mauer, wo sie ihn mit ihren Verbandspäckchen ein bißchen

„... und jetzt tragen ihn die Vier hinter eine Mauer ...“

verbinden und hinterher aus dem Dorf hinaustragen aufs Feld vor Quinto, hinter den Hügel, auf dem sie vormittags lagen, zum Hilfsplatz.

Und dann wird der Max umbandagiert, seine Freunde nehmen Abschied, sie gehen nach vorne zurück, und er wird in einen Ambulanzwagen geladen. Der fährt die ganze Nacht lang über Straßen, die schon vorher miserabel waren, und jetzt noch zerfahren und zerschossen sind. Die schmerzvollste Nacht in Maxens Leben. In Hijar wird er operiert, bleibt ein paar Tage, dann kommt er nach Benicasim, dort kann er schon aufstehen und am Meeresstrand spazieren gehn und Bücher lesen, von denen ihm der „Bauernkrieg“ von Engels am besten gefällt, über dieses Buch kann man so lange nachdenken, auch wenn man's schon ausgelesen hat. Und jetzt ist er wieder hier bei den Kameraden.

„Ist das alles, Max?“

„Das ist alles, glaub' ich. Ja, richtig: von meiner Schwester hab' ich einen Brief. Sie haben das Haus nicht verkauft, trotzdem ich es ihnen geraten hab'. Die Gemeinde hat es verpachtet, aber der neue Pächter wird gar nichts zahlen, das weiß ich schon im Voraus. Bis jetzt hat er nur eine neue Hypothek aufgenommen, 600 Schilling. Was kann er denn dafür kaufen? Zwei schlechte Küh' höchstens. Vielleicht die Schwarze und die Moltl.“

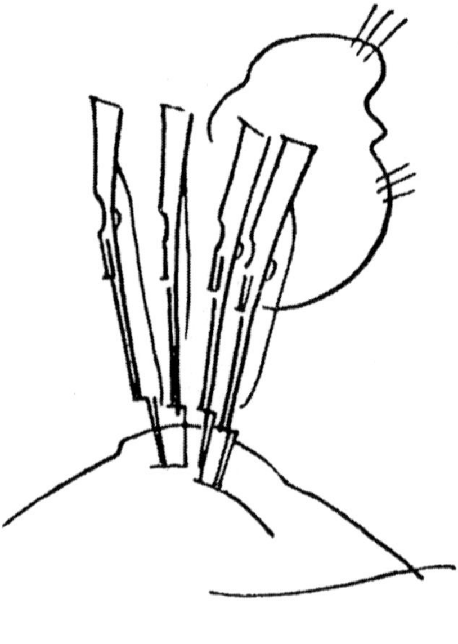

Nachwort

„Menschen machen ihre Geschichte nicht aus freien Stücken, aber sie machen sie selbst!“ [1]

Wann wirkt eine Erzählung besonders anziehend?

Am Beispiel der „Drei Kühe“ scheint die Frage leicht zu beantworten. Figuren und Handlung sind es, die eine Geschichte interessant machen. Ein Bauer verkauft seine Kühe, um in den Krieg zu ziehen, das ist nicht alltäglich. Auch der ungeübte Erzähler wird diese Pointe beim Ausformulieren der Geschichte nicht vergessen.

Aber genügt das? Steckt die Anziehungskraft einer Geschichte nicht vor allem in den Fähigkeiten desjenigen, der sie erzählt?

„Erst wenn das Eigene erfunden ist, kann es die großen Erzählungen geben“, schreibt Waltraud Mittich in ihrer „Annäherung an einen Widerständler“, und sie verweist damit nicht nur darauf, dass in jeder Geschichte neben den Handelnden auch der Part des Erzählen-

[1] Rosa LUXEMBURG (1913)

den vorgesehen ist. Sie deutet auch darauf hin, dass sich zu Erzählendes immer anbahnt – dass Handlung, Erzähler und Publikum einander finden müssen, damit eine große Geschichte entstehen kann. Der Erzähler organisiert die dafür notwendigen Zufälle.

Egon Erwin Kisch war ein außergewöhnlich guter Erzähler. Davon zeugt weniger der seit 1977 jährlich verliehene Reportagepreis, der nicht immer unumstritten in seinem Namen vergeben wird. Für die erzählerische Stärke Kischs spricht vor allem, dass seine Reportagen trotz politischer Vereinnahmung bis zum heutigen Tag immer wieder entdeckt worden sind und bei ihren Lesern bleibende Eindrücke hinterlassen haben. Max von der Grün begegnete Kisch zum ersten Mal in einem zerfledderten Exemplar des „Rasenden Reporters", 1945, in einem Kriegsgefangenenlager irgendwo in den glühend heißen Südstaaten der USA. Noch Jahrzehnte später erinnert sich der ehemalige Maurerlehrling daran (mittlerweile war er in der Bundesrepublik selbst zum mehrfach ausgezeichneten Schriftsteller geworden) und schreibt über Kischs Geschichten: „Nach der Lektüre habe ich mir immer gesagt: Ich hätte dabei sein mögen."

Kischs Erzählerkarriere kennt wie jede Biografie – retrospektiv betrachtet und in Einzelteile zerlegt – ebenso typische wie untypische Elemente; sie ist sogar überdurchschnittlich gespickt mit Widersprüchen, die nicht zuletzt Kisch selbst immer wieder bewusst hervorgekehrt hat. Dabei war er weder der einzige altösterreichisch-tschechische Jude im Literaturbetrieb der Weimarer Republik, noch war er bei weitem der einzige Kommunist, der aus gutbürgerlichem Haus stammte. Aber es sind frei nach Bertolt Brecht die erkennbaren Gegensätze, die dem Betrachter auch bei Kisch die Lichtblicke sind. Menschen gänzlich erklären zu wollen, hieße, ihnen ihren Charme zu nehmen, sie zu domestizieren. Es hieße nicht, sie kennenzulernen.

Wie wird einer zum guten Erzähler?

Bei Kisch auch hier Zufall und Planung als scheinbare Gegensätze. Er selbst betont in seinen 1942 veröffentlichten Memoiren den Instinkt. Die „heftigste meiner Eigenschaften: die Neugierde" habe ihn knapp 21-jährig im Prager Café Central dazu bewogen, ein kurzfristig unterbreitetes Angebot als Lokalreporter anzunehmen. Sein damaliger Berufskollege Emil Faktor hat den jungen Abgänger von der Berliner Journalistenhochschule hingegen als weniger talentiert in Erinnerung: „Der Anfänger Kisch war in der Form viel unentwickelter als andere. Dann aber ging es bei ihm schnell und schneller."

Die Neugierde hatte Kisch (der bereits ein Universitätsstudium und anschließend eine Militärlaufbahn abgebrochen hatte) bereits vor Beginn seiner beruflichen Laufbahn in das Einzugsgebiet jener Kaffeehäuser geführt, in denen auch Franz Kafka, Rainer Maria Rilke, Max Brod und Jaroslav Hašek über Gesellschaft, Kunst und Literatur debattierten, um dabei vor allem die engen Grenzen zwischen Tschechen und Deutschen, zwischen Mehrheitsbevölkerung und Juden in Ansätzen zu überwinden. Für Paul Eisner ist Kisch unter ihnen der „elementarste Ausbruch aus dem Prager Lebenspferch", und damit auch jenem 20-jährigen Max Bair nicht ganz unähnlich, den er Jahrzehnte später über dessen abenteuerliche Reise von Tirol nach Spanien interviewen wird.

In der Redaktion der Tageszeitung „Bohemia" profitiert Kisch wiederum von der regelmäßigen Zusammenarbeit mit dem damals bereits etablierten Journalisten und Schriftsteller Paul Wiegler; bald orientiert sich der Aufstrebende am literarischen Schaffen des großen französischen Romanciers Emile Zola – für Kisch „der größte Reporter aller Zeiten". Zola zählt in der zweiten Hälfte des 19. Jahrhunderts zu den ersten und um die Jahrhundertwende bereits bekanntesten jener naturalistischen Schriftsteller, die mit literarischen Milieustudien bis an die Arbeitsplätze von Schwerarbeitern und in die dramatisch anwachsenden Elendsviertel der großen Städte vordringen. Der neugierige Kisch hat ein Faible für Zolas Themen; auch ihn interessiert zeitlebens der Alltag in den gesellschaftlichen Niederungen, das Schicksal der Hopfenpflücker und Flößer, der Prager Obdachlosen, der Prostituierten, und bevorzugt das Treiben in der nächtlichen Halbwelt, wo sich Feierlaune und Kleinkriminalität vermischen.

Zolas Reportagen ermutigen den jungen Journalisten dabei nicht nur zur eigenständigen Recherche, zum

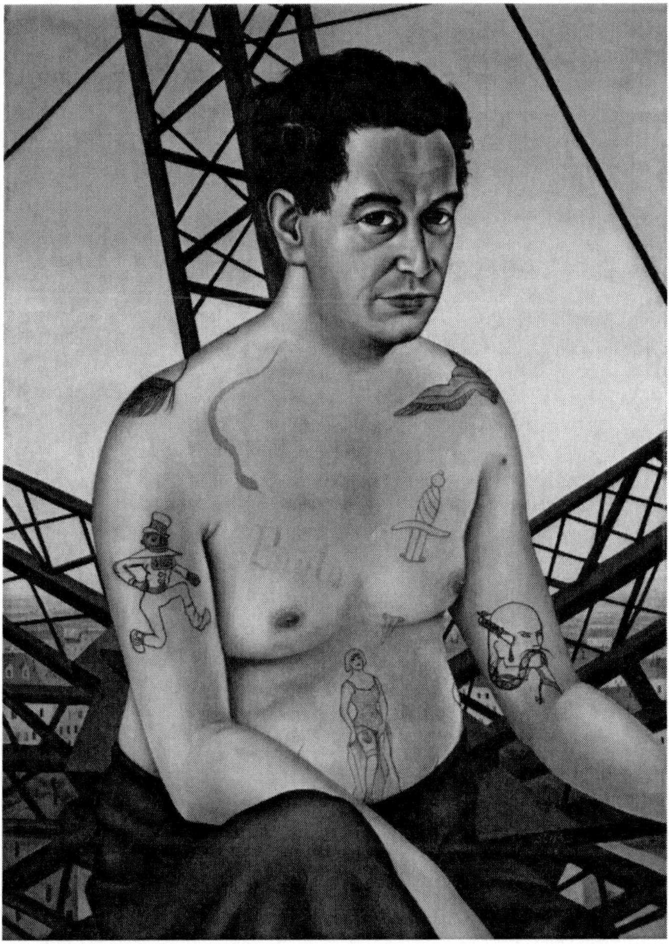

Der Reporter muss in sein Studienobjekt eintauchen: Kisch recherchierte bevorzugt in den gesellschaftlichen Niederungen, bei Obdachlosen, Kleinkriminellen und Prostituierten. Mit Tätowierungen schuf er sichtbare Bindungen zu den Protagonisten seiner Reportagen. Sie dienten auch der Selbstinszenierung unter der literarischen Boheme.

Im Bild: Ölgemälde von Christian Schad: Bildnis Egon Erwin Kisch (1928).

„Belauern seines Objekts“ (der leidenschaftliche Nachtschwärmer Kisch hatte vermutlich zu keinem Zeitpunkt größere Berührungsängste mit Menschen). Er lernt von Zola vor allem, gedanklich in sein Studienobjekt einzutauchen, die sozialen Bindungen zwischen Mensch und Milieu aus der Realität herauszulesen, Essenzen daraus in Textform nüchtern miteinander zu verbinden und verbliebene Lücken mit „logischer Phantasie“ zu schließen. Max Bair erklärt Jahrzehnte später, Kisch (der selbst nie in Tirol gewesen war) habe aus ihm in wenigen Gesprächen „sehr geschickt die notwendigen richtigen Details herausgeholt“.

Über die Orientierung am literarischen Vorbild Zola verschafft sich Kisch auch im Prager Kaffeehausmilieu erste Anerkennung. Purer Journalismus gilt um die Jahrhundertwende in erster Linie als Broterwerb; Literatur zu schreiben bedeutet hingegen schon damals, in jenen bürgerlichen Kreisen anerkannt zu werden, aus denen viele der Journalisten stammen – aus einer Welt, in der neben geistigen Inhalten vor allem mit stetig wechselnder Ästhetik jongliert werden muss. Symptomatisch ist es Kischs Mutter, die die ersten literarischen Gehversuche ihres Sohnes finanziert – anfangs unter dem Pseudonym „Erwin“, aus dem er bald „Egon Erwin Kisch“ generiert. Erfolg erzielt der angehende Schriftsteller jedoch mit der journalistischen Textsammlung „Aus Prager Gassen und Nächten“, die 1912 den Weg zur Publikumsliteratur eröffnet, den er später als der „rasende Reporter“ in großem Stil fortsetzen wird.

Als klassischer Zeitungsjournalist ist Kisch 27-jährig mit seinem Vorbild Zola bereits annähernd auf Augenhöhe. Eine eigene Feuilletonspalte „Prager Streifzüge" hat ihm in seiner Heimatstadt anhaltende Bekanntheit verschafft. Sein verfeinertes Gespür für Sensationelles macht Kisch 1913 zum Mitaufdecker der Spionageaffäre um den hochrangigen Militäroberst Redl und – Zolas Bedeutung in der Dreyfus-Affäre nicht unähnlich – erstmals weit über Prag hinaus bekannt. Im selben Jahr wagt Kisch den Sprung zum „Berliner Tagblatt", doch im Stahlgewitter des Ersten Weltkriegs wird auch ihm der Boden unter den Füßen weggespült.

Das bürgerliche Milieu des ausgehenden 19. Jahrhunderts war nicht frei von politischem Gedankengut. Vor allem unter jungen, fortschrittsorientierten Aufsteigern genossen revolutionäre, anti-elitäre Überzeugungen aus der Zeit der gescheiterten demokratischen Erhebung des Jahres 1848 durchwegs Verbreitung. Kisch kennt ihre Träger aus gemeinsamen Arrestaufenthalten während seiner Militärzeit. Später nennt er sie „Freiheitsfanatiker, Antiautoritäre, Gleichheitsschwärmer, voller Hass gegen Duckmäuser und Streber" – und hegt Sympathien für sie, wie viele assimilierte Juden, die im kaiserlichen Österreich letzte Reste ihrer gesellschaftlichen Isolation überwinden wollen.

In den Schützengräben des Ersten Weltkriegs bekommt revolutionäres Denken einen erneuten Anschub, der auch Kisch tiefgreifend erfasst. Zwei Jahre lang erlebt er an verschiedenen Frontabschnitten, wie in enormen Materialschlachten Menschen auf ein bis dato ungekanntes Mindestmaß herabgewürdigt werden. „Die Lebenslust ist in uns gestorben, wir sind von Toten und Sterbenden umgeben. (...) wir kleiden uns nicht um, wir essen kaum, wir waschen uns nicht, wir putzen uns nicht die Zähne, wir ekeln uns vor nichts, wir schlafen in einem Grabe", notiert er in sein Tagebuch, das er ursprünglich mit dem Gedanken zu führen begonnen hat, eine „historische Zeit" in gänzlich anderer Art und Weise zu porträtieren.

Als Kisch vom Tod eines seiner jüngeren Brüder erfährt, forciert er die Versetzung ins Kriegspressequartier nach Wien, doch merkt er, dass seine Erlebnisse nunmehr Existenzielles betreffen und er nicht mehr gewissenlos darüber berichten kann. Mit den eintreffenden Gerüchten von Revolution und Friedensschluss in Russland beginnen in den Wiener Kaffeehäusern immer mehr Intellektuelle daran zu glauben, dass der Krieg an der Front bald in den gesellschaftlichen Umsturz übergehen und die Verhältnisse sich dadurch verbessern werden. Kisch ist neben Franz Werfel einer der wenigen aus diesem Milieu, der den Umsturz auch aktiv vorantreibt. Im Herbst 1918 desertiert er aus dem geschlagenen Heer und wird Mitorganisator der „Roten Garde".

Anders als in Berlin, München, Turin oder Budapest, wo die revolutionären Brandherde in den unmittelbaren Nachkriegsmonaten mit brutaler Gewalt erstickt werden, hat in Wien die gemäßigte Sozialdemokratie den Großteil der radikalen Kräfte rasch absorbiert, und vielen Beobachtern erscheinen die Vorgänge in Österreichs Hauptstadt im Nachhinein als „Operettenrevolution". Für Kisch sind es prägende Monate, zumal ihn die einsetzende Pressekampagne gegen seine Person nicht zuletzt beruflich arg in Bedrängnis bringt. „Von Wien will ich nicht weg, bevor ich mich nicht einigermaßen rehabilitiert habe", schreibt er seiner Mutter nach Prag. Den Genossen der neu gegründeten Kommunistischen Partei Österreichs verspricht er 1920 in einem letzten Zeitungsartikel jedoch auch: „Ihr könnt immer auf mich zählen!" Es ist in erster Linie das Versprechen an sich selbst, die Ideale von einst nicht zu vergessen – und das Versprechen eines bürgerlichen Schriftstellers, der ebenso wie Walter Benjamin weiß, dass auch die intensivste „Proletarisierung eines Intellektuellen fast nie einen Proletarier schafft". Entsprechend hält Kisch sein Wort, wie es dem Schreibenden möglich ist: In Australien springt er 1934 aus fünf Meter Höhe vom Schiffsdeck an Land, was ihm einen Beinbruch und Gefängnishaft einbringt, der weltweiten Antifaschismuskampagne jener Jahre aber auch die nötige Medienpräsenz verschafft.

Dass Kisch in Spanien auch dann noch die fortschrittlichen Entwicklungen in der Sowjetunion unterstreicht, als in den eigenen Reihen bereits die stalinistischen Säuberungen im Gange sind und andere Weggefährten der ersten Stunde den Kommunisten desillusioniert den Rücken kehren, hängt vermutlich auch mit seiner hautnah erlebten Verfolgung durch die Nationalsozialisten, mit persönlichen Überlegungen des geringeren Übels und mit dem Solidaritätsempfinden für die Ideale der jüngeren Generation des Max Bair zusammen. „Wenn du von derartigen Grausamkeiten hörst“, äußert er sich nach Bekanntwerden des Bombardements einer Madrider Schule durch faschistische Fliegerstaffeln, „dann bist du wieder geneigt, alles zu verteidigen, was auf deiner Seite geschehen ist, sogar die Prozesse.“

In die Literaturgeschichte eingegangen ist Kisch als der „rasende Reporter“ und als solcher war er 1937 auch den deutschen, österreichischen und tschechischen Interbrigadisten in Spanien bestens bekannt. Max Bair hatte bis zu diesem Zeitpunkt von Kisch hingegen „nie etwas gehört“, war doch der „rasende Reporter“ Produkt des Berliner Literaturbetriebs der 1920er-Jahre, der vom Gesellschaftsleben im ländlichen Tirol nicht nur geografisch meilenweit entfernt war. Berlin war bereits um die Jahrhundertwende infolge der deutschen Nationalstaatsbildung beinahe über Nacht zu einer Millionenmetropole herangewachsen. Hier konzentrierte sich das deutschsprachige Pressewesen, und mit seinen vier Millionen Einwohnern war die Stadt vor allem Magnet für all jene, die wie Kisch avantgardistische Subkultur, fortschrittliche Betriebsamkeit, Glanz und Glamour der Enge und Spießigkeit ländlicher Ge-

Als der „rasende Reporter" wurde Kisch in den 1920er-Jahren zu einem der stilbildenden Autoren der „Neuen Sachlichkeit". Durch seine mediale Omnipräsenz gab er gleichzeitig einer sich rasant entwickelnden Massengesellschaft ihr Gesicht.
Im Bild: Fotomontage von Umbo (Otto Umbehr): Der rasende Reporter (1926).

filde vorzogen. „Die Zukunft Deutschlands wird heute andeutungsweise vorausgelebt in Berlin. Wer Hoffnung fassen will, blicke dorthin“, prognostizierte Heinrich Mann bereits 1921.

Kischs Reportageband „Der rasende Reporter“ trifft in Berlin Mitte der 1920er-Jahre den Nerv der Zeit. Das Vorwort des Buchs wird zum Pamphlet einer breiten, als „Neue Sachlichkeit“ beschriebenen Kunstströmung, der Titel des Bandes bald zum Synonym für den Autor selbst. Kisch, bereits knapp vierzig Jahre alt, kann mit seinen literarischen Detailaufnahmen aus unterschiedlichsten Milieus nunmehr die gestiegene Nachfrage nach prägnanter, objektiver Darstellung der Gegenwart bedienen, wie sie von einem Publikum eingefordert wird, das nach dem verheerenden Krieg nicht mehr mit romantischer Literatur unterhalten, sondern in erster Linie über gegenwärtige, real fassbare Abläufe informiert sein will.

Jenseits des einschlägigen Buchtitels entwickelt sich der „rasende Reporter“ bald zu einer medialen Kunstfigur, die einer heranwachsenden Massengesellschaft ihr Gesicht gibt. Fotos, auf denen sich Kisch fast ausnahmslos mit brennender Zigarette ablichten lässt, komplettieren den Eindruck des pausenlosen Gehetztseins, den der „rasende Reporter“ durch seine umfangreiche Publikationstätigkeit und einen weiten geografischen Aktionsradius suggeriert. Kisch hat sich im Berlin der ersten Nachkriegsjahre anfangs mit kurzfristigen Aufträgen knapp über Wasser gehalten, schreibt ab Mitte der 1920er-Jahre aber nunmehr parallel für verschiedene Zeitungen und veröffentlicht beim bürgerlichen Verleger Erich Reiss fast im Jahresrhythmus Reportagebände, in denen er von mehrmonatigen Reisen durch die Sowjetunion (1925/26, 1931), die USA (1928/29) und China (1932) berichtet. Kommunikation auf allen Kanälen, nicht zuletzt das kontinuierliche Streuen von Anekdoten unter den Intellektuellen im Berliner Romanischen Café, ermöglichen es dem „rasenden Reporter“ dabei, physisch abwesend und doch omnipräsent zu sein. „Bettler in Tunis, Industrielle in Essen, Moskauer Volkskommissare und Marseiller Nutten, Chefredakteure und Schnorrer, Arbeiter und Snobs, Neger und Ostjuden, Kaiser und Revolutionäre kennen ihn“, schwärmt Journalistenkollege Hans Tasiemka 1927 über den für ihn „ersten wahren Reporter, den Kisch“.

Kisch hatte die Figur des „rasenden Reporters“ zwar entscheidend mit kreiert, ließ sich selbst aber ungern auf sie reduzieren, weil sie bei oberflächlicher Betrachtung auch den Eindruck von lauem Sensationsjournalismus vermitteln konnte, dem Kisch in seiner Prager Zeit gelegentlich noch erlegen war, von dem er sich spätestens in Berlin aber entschieden distanzierte. „[I]ch arbeite nicht mehr gern für Zeitungen“, schreibt er bereits kurz nach Veröffentlichung des „Rasenden Reporters“ an seine Mutter nach Prag, und bezieht sich dabei auf einen „amerikanisierten Pressebetrieb, der vorne

Sensationen und hinten Inserate heischt“, und dem er 1926 in einer Polemik über den damals bereits verstorbenen „Reporterkönig“ Henri Opper de Blowitz nichts weniger als „Geringschätzung der Wahrheit“ vorwirft.

Dabei orientierte sich auch Kisch (der nie ausschließlich Reporter, sondern immer auch passionierter Zauberkünstler und Taschenspieler war) in seiner Auffassung von Wahrheit keinesfalls penibel an singulären Fakten. Spitzfindige Historiker haben längst nachgewiesen, dass Max Bair im österreichischen Ständestaat kurzzeitig Hilfspolizist gewesen war, dass Johann Knotzer in Wahrheit Johann Winkler heißen müsste, und dass Bair vermutlich doch nur zwei Kühe, dafür aber zusätzlich zwei Schweine besessen haben könnte (was Bair selbst wiederum ausdrücklich dementiert hat).

Für Kisch liegt die relevante Wahrheit spätestens mit Beginn seiner großen Auslandsreisen jedoch jenseits dieser materiell nachweisbaren Details. Sie liegt in den historisch gewachsenen Beziehungsgeflechten der Menschen, und die Qualität einer Reportage misst der marxistisch geschulte Reporter nun am Tiefgang der darin vermittelten „sozialen Erkenntnis“, die konkret in den ökonomischen Abhängigkeitsverhältnissen zu suchen ist. Diese zeigen sich ihm etwa an der Chicagoer Getreidebörse, wo landwirtschaftliche Produkte völlig losgelöst von ihren Erzeugern nur mehr als fiktive Kontrakte gehandelt werden, Spekulanten den Preis bestimmen und die Bauern bei Verlustgeschäften um ihre Existenzen kommen. Sie zeigen sich auch in Harlem, wo Afroamerikaner noch im 20. Jahrhundert ghettoisiert leben, weil ihnen ob jahrzehntelanger Rassendiskriminierung sowohl das nötige Geld als auch das Selbstbewusstsein für die Übersiedlung in bessere Stadtviertel fehlt; und sie zeigen sich in Tirol, wo einem Kleinbauern die ökonomischen Verhältnisse jegliche Chance auf sozialen Aufstieg verwehren, sofern er nicht den Mut aufbringt, seine gesamte Existenz aufs Spiel zu setzen und das Glück in der Ferne zu suchen.

Um die unsichtbaren sozialen Verhältnisse in aller Klarheit ans Licht zu bringen, reicht für Kisch die rein schriftliche Reproduktion der recherchierten Fakten nicht aus. Der „rasende Reporter" (den Zeitgenossen stets als unendlich langsamen Schreiber geschildert haben) feilt auch an den kleinsten Formelementen, bis sie mitunter in den Textinhalt übergehen und die Reportage am Ende zum Kunstwerk geronnen ist. „Auch der primitivste Mensch muss verstehen, auch den Gebildetsten muss es amüsieren und überzeugen", formulierte Kischs langjährige Sekretärin und spätere Frau Gisela Lyner das dahinter stehende Credo ihres Mannes. Bruno Frei, literarischer und politischer Gesinnungsgenosse, konkretisierte: „Die Methode ist dem Objekt angepasst", und bezog sich dabei vor allem auf die verwendete Montagetechnik, die in den 1920er-Jahren von der Foto- und Filmkunst in die Literatur eingeflossen war. Sie ergibt bei Kisch zweifarbige Textbausteine in Schwarz und Rot, wenn der „rasende Reporter" über den Zweifarbendruck im usbekischen

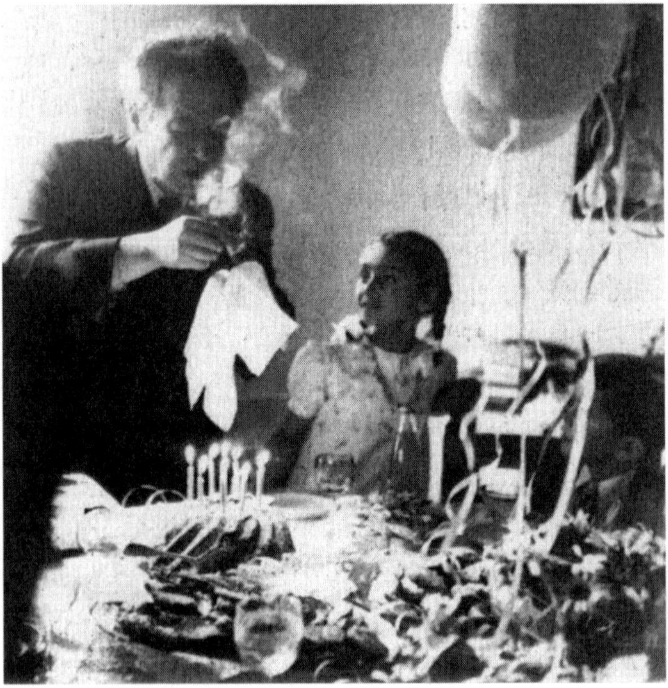

„Bedarf die Darstellung der Wahrheit keiner Phantasie?" Die sozialen Bindungen der Menschen bildeten stets den Kern von Kischs Reportagen. Um sie klar darzustellen, mussten Detailfakten mitunter einer aussagekräftigen Form weichen. Das Spiel mit Form und Inhalt trieb Kisch in Zauberkunststücken auf die Spitze.

Im Bild: In Mexiko verblüfft Kisch an seinem 60. Geburtstag die Kinder der Emigration.

Taschkent schreibt; oder sie ersetzt die Fragen im Interview mit Upton Sinclair durch Gedankenstriche, wenn es darum geht, den Reporter auf die Ebene des andächtigen Zuhörers herabzustufen.

In dieser Logik muss eine Darstellung der sozialen Verhältnisse in Tirol Züge einer Novelle annehmen, zumal die idyllischen, im Grunde harmlosen Schwarzwälder Bauerngeschichten eines Berthold Auerbach genau jene Scheinwelt konstituierten, aus der Max Bair mit seinen drei Freunden ausgebrochen war. „Ich bin sehr streng katholisch erzogen worden, habe die Zehn Gebote ernst genommen", erzählt Bair Jahrzehnte später „[a]ber der Vergleich mit dem wirklichen Leben hat mich zweifeln lassen an deren Richtigkeit. Ich habe nicht mehr glauben können, was die Kirche gesagt hat." Kisch spiegelt dieses Spannungsverhältnis im Widerspruch zwischen Form und Inhalt seines Textes wider. Die Darstellung bleibt in ihrer Prägnanz eine Reportage; den Verlauf der Geschichte lenkt der Reporter jedoch im Stile Auerbachs zum idealtypischen Happy End – an den Strand von Benicasim –, indem er als Erzähler zwischen den Zeilen klar für Bairs persönliche Entwicklung Partei ergreift. Mit dieser Haltung sprengt Kisch, der Handlung entsprechend, letztlich den Horizont der klassischen Bauerngeschichten, in denen eine Überwindung des ländlichen Idylls (bei Kisch eine ländliche Tristesse) gemeinhin nicht vorkommt oder vom Erzähler bestenfalls als menschliche Verfehlung thematisiert wird.

Kischs Erzählhaltung wirft in den „Drei Kühen“ wiederholt eine Grundsatzfrage auf, die bereits mit den ersten Erfolgen neusachlicher Autoren im Literaturbetrieb für heftige Debatten gesorgt hat: die Frage, ob dem Reporter objektive Berichterstattung überhaupt möglich sei, wenn er in einer Geschichte als Erzähler unweigerlich selbst zu den dargestellten Sachverhalten Stellung beziehen muss. Kisch hatte die Diskussion bereits im Vorwort des „Rasenden Reporters“ angefacht, als er mit marktwirtschaftlichem Instinkt des Sensationsjournalisten behauptete, ein Reporter habe im Gegensatz zum selbstbezogenen Schriftsteller schlichtweg keine Tendenz und keinen Standpunkt. Zehn Jahre später, als Autor im Literaturbetrieb fest etabliert, hat er längst auch öffentlich eingestanden, dass Tatsachen allein nie ein Bild der Wirklichkeit ergeben können – wie Béla Balázs gegen die Neue Sachlichkeit argumentierte –, sondern, dass Wirklichkeit immer *im Sinn* der Tatsachen liegt, der von Autoren wie Lesern erst gedeutet werden muss.

Auf dem Internationalen Schriftstellerkongress in Paris 1935 spricht Kisch nunmehr von der „Reportage als Kunstform und Kampfform“. Wahrheit bleibt der zentrale Gegenstand, „das edelste Rohmaterial“, aber der Reporter kann sich ihr gegenüber nun nicht mehr neutral verhalten. Ihm steht „der Mensch und das Leben am höchsten“, und entsprechend hat er in seinen Arbeiten Position zu beziehen. Tatsachen sind nicht hinter sinnentleerter Ästhetik zu verschleiern; der Reporter hat sie im Schein von Vergangenem, Gegenwärtigem und einer möglichen Zukunft ansprechend in Szene zu setzen. Die Reportage wird mehr als eine pure Röntgenaufnahme der Zeit, sie ist nun „anklägerisches Kunstwerk".

Als gesellschaftlich engagierter Schriftsteller tritt der „rasende Reporter" aus seinen Texten über ins reale Leben. 1924 wird Kisch Mitglied im gewerkschaftlichen Schutzverband deutscher Schriftsteller (SDS); ein Jahr darauf tritt er der „Gruppe 25" bei, in der Autoren wie Rudolf Leonhard, Alfred Döblin, Bertolt Brecht und Kurt Tucholsky eine Politisierung des literarischen Lebens vorantreiben. Kisch unterrichtet an der sowjetischen Journalistenschule in Charkow, referiert vor den Schülern des avantgardistischen Polit-Theaters Erwin Piscators und erzielt gemeinsam mit Ernst Toller, Arnold Zweig und einer Reihe anderer Autoren 1928 die Freilassung des Kommunisten Max Hoelz, der aufgrund von fingierten Zeugenaussagen ursprünglich zu lebenslanger Haft verurteilt worden war.

Eine besondere Rolle spielt Kisch im Umfeld des hochgradig versierten Verlegers und Filmproduzenten Willi Münzenberg, der mit dem zweitgrößten, privatwirtschaftlich geführten Medienkonzern der Weimarer Republik zahlreiche bürgerliche Intellektuelle geistig in die kommunistische Bewegung integriert. Kisch schreibt für Münzenbergs „Arbeiter-Illustrierte-Zeitung" (AIZ), ist gemeinsam mit Albert Einstein und

Schriftsteller von Weltformat: Bis zur Machtergreifung der Nationalsozialisten publizierte Kisch für den bürgerlichen Verleger Erich Reiss und den kommunistischen Medienkonzern des Willi Münzenberg. Im Rahmen einer USA-Reise traf Kisch 1929 Upton Sinclair und Charlie Chaplin, worüber Münzenbergs „Arbeiter-Illustrierte-Zeitung" exklusiv berichtete.

Sergej Eisenstein Mitglied im Beirat der Buchgemeinschaft „Universum-Bücherei für Alle“ – und Kisch knüpft auf seinen Auslandsreisen für Münzenberg Kontakte zu sozial engagierten Kulturschaffenden. Ein Interview mit Charlie Chaplin wird über die AIZ 1929 zur publizistischen Sensation.

Politisches Engagement fordert aber auch vom „rasenden Reporter“ einen stetig steigenden Preis, je stärker sich die Auseinandersetzungen im Sog der Weltwirtschaftskrise Anfang der 1930er-Jahre zuspitzen. Für Kulturschaffende jeglicher Couleur gibt es europaweit jenseits der politischen Debatten kaum noch Freiräume im öffentlichen Diskurs. Jene Intellektuelle, die in der Sowjetunion eine erstrebenswerte Gesellschaftsordnung verwirklicht sehen, geraten im politischen Alltag überall dort in Bedrängnis, wo mit der Machtübernahme faschistoider Gruppen eine klar strukturierte „Volksgemeinschaft“ geschaffen wird, in der Andersdenkende ausgegrenzt und verfolgt werden: bereits 1920 in Ungarn, 1922 in Italien, 1926 in Portugal, 1929 in Jugoslawien – im Jänner 1933 in Deutschland und noch im selben Jahr auch in Österreich. Kisch zählt zu den Ersten, die am Folgetag des Berliner Reichstagsbrands von den Nationalsozialisten inhaftiert werden. Als tschechoslowakischer Staatsbürger wird er bald nach Prag abgeschoben. Im März ’33 brennen seine Bücher auf öffentlichen Scheiterhaufen; die Unternehmen der Verleger Reiss und Münzenberg stellen ihre Tätigkeit zwangsweise ein.

Mit der Machtübernahme Hitlers beginnt auch die größte Auswanderungswelle in der deutschen Literaturgeschichte. Wie viele andere führt sie Kisch 1934 nach Paris, wo er neben Heinrich Mann zu einem der führenden Köpfe der deutschen Emigration avanciert.

In Frankreich und Spanien überwinden liberale und sozialistische Kräfte aller Schattierungen Mitte der 1930er-Jahre erstmals ihre Differenzen, um der Demontage demokratischer Rechtsstaaten eine klare Alternative entgegenzusetzen. Als „Volksfront" gelangen ebenso umfassende wie fragile Parteibündnisse 1936 über freie Wahlen an die jeweiligen Regierungen ihrer Länder. Sie verfolgen das Ziel, einschneidende Sozial- und Arbeitsmarktreformen umzusetzen, die in einer Zeit wirtschaftlicher und politischer Krisen auch unter den deutschen Exilanten mit der Hoffnung auf große moralische Veränderungen verbunden sind. In Spanien sind die Fundamente der Republik jedoch über Jahre bereits ausgehöhlt worden, nachdem auch dort andauernde Konflikte unüberbrückbare Gräben zwischen progressiven und traditionalistischen Milieus aufgerissen hatten. Im Juli 1936 putschen die Generäle um Francisco Franco gegen die demokratisch legitimierte Regierung, Hitler schickt ihnen mit Blick auf die europäischen Kräfteverhältnisse umgehend neueste Waffentechnik und die Flugzeugstaffel „Legion Condor", Mussolini im gesamten Kriegsverlauf insgesamt 75.000 großteils zwangsrekrutierte

Söldner, die nur dem Namen nach ein „Corpo Truppe Volontarie", ein Freiwilligenheer, waren.

Die Spanische Republik überlebt den ersten Angriff in jenen Gebieten, wo sich zu ihrer Verteidigung spontan Partei-, Gewerkschafts- und Landarbeitermilizen gebildet haben: in der Hauptstadt Madrid, im agrarisch geprägten Südwesten, in den Industriegebieten an der nördlichen Atlantikküste und den nordwestlich gelegenen Regionen Aragonien und Katalonien. Im europäischen Ausland ist bald für viele Beobachter offensichtlich, dass in Spanien nunmehr jene ideologische Konfrontation eskaliert, die in ihren Heimatländern den Faschismus bereits an die Macht und sie selbst in die gesellschaftliche Isolation gebracht hat. „Nur Spanien kann Prag vor Hitler retten", schreibt Gustav Regler in einem späteren Kisch-Brief aus der Kampfzone in die damals noch unabhängige Tschechoslowakei, wo bald nach Ende des Spanienkonflikts die deutschen Panzer einrollen werden.

Mögliche Verbündete wie die Regierungen Frankreichs und Großbritanniens zögern in dieser Situation, sich auf die Seite der Republik zu schlagen, und halten sich in der Hoffnung auf Schadensbegrenzung an ein bereits gebrochenes Nicht-Interventions-Abkommen. Zum internationalen Kriegsschauplatz weitet sich Spanien endgültig, als auch die Sowjetunion im Herbst 1936 mit der Lieferung von Kriegsmaterial beginnt und aus diversen Ländern die ersten Freiwilligen eintreffen, die sich wie später Max Bair und seine Freunde auf eige-

Anarchistische Milizen aus Barcelona (1937) formierten sich aufseiten der republikanischen Volksfrontregierung, die auch von den Internationalen Brigaden unterstützt wurde.

Das republikanische Territorium wurde von den Putschisten General Francos über den gesamten Kriegsverlauf systematisch aus der Luft bombardiert.

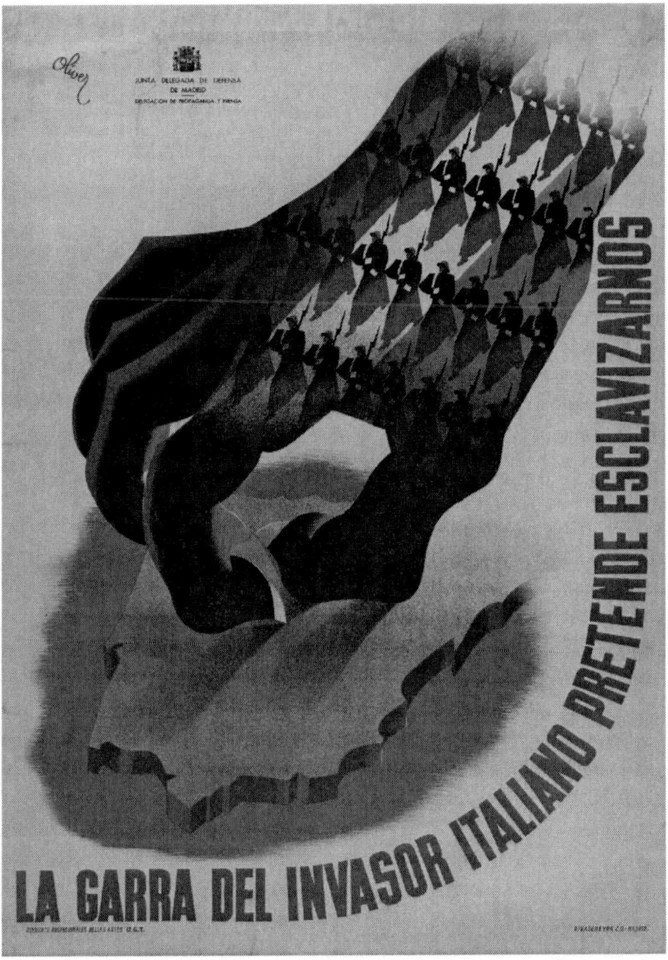

Farbplakat von Amado Oliver Mauprivez für das republikanische Verteidigungskomitee in Madrid: Die Klaue des italienischen Invasoren trachtet danach, uns zu versklaven (1937).

ne Faust und teils abenteuerlichen Wegen in das Krisengebiet begeben haben. Über die gesamten drei Kriegsjahre verteilt sind es knapp 35.000 Männer und Frauen, großteils städtische Arbeiter und Intellektuelle, die meist durch erlebte Arbeitslosigkeit politisiert und über politisches Engagement in ihren Heimatländern kriminalisiert worden sind. Manche von ihnen hatten zusätzlich seit frühester Kindheit kategorische Ausgrenzung erlebt, weil sie ethnischen oder religiösen Minderheiten angehörten. Ihnen allen bieten die kurzerhand gebildeten „Internationalen Brigaden" der Kommunistischen Internationale die Möglichkeit, sich nach oftmals langen Jahren der Apathie als Milizionäre, Kriegsberichterstatter, Ärzte oder Krankenschwestern für eine gemeinsame Sache zu engagieren, die sie zu ihrer eigenen machen können. In Spanien angekommen, sind viele für vorangegangene Strapazen durch das Gefühl erneuter Zugehörigkeit bereits entschädigt – bald auch von der revolutionären Stimmung vor Ort vollends eingenommen. Franz Borkenau, österreichischer Geschichtsphilosoph, schreibt später über seine Ankunft in Barcelona: „Es war, als wären wir auf einem Kontinent gelandet, der sich von allem unterschied, was ich bisher gesehen hatte."

Der Spanische Bürgerkrieg wird von Anfang an als erbitterter Kulturkampf geführt, in dem es weder Neutrale noch einen Kompromissfrieden geben kann. Franco versteht seine militärische Operation als vernichtenden Kreuzzug gegen ausländischen „Kulturbolschewismus“; entsprechend führt er einen langsamen, verlustreichen Zermürbungskrieg, der die Unterstützer der jungen Republik auch moralisch brechen soll. Die Republikaner, materiell chronisch unterlegen und bald auch mit internen Auseinandersetzungen konfrontiert, verstärken vor allem geistige Kapazitäten, um im Zuge der laufenden sozialen Revolution letzte Kampfreserven im In- und Ausland zu mobilisieren. Alphabetisierungskampagnen und Kulturarbeit sollen die breiten Bevölkerungsschichten vor Ort von der Sinnhaftigkeit des Kampfs für die Republik überzeugen. Mithilfe neuer Massenmedien können literarische Kriegseindrücke, Plakatkunst und Dokumentarfilme (in denen Krieg nunmehr auch in bewegten Bildern festgehalten werden kann) vor allem auch in großen Auflagen über die Landesgrenzen hinaus verbreitet werden, um an das Gewissen der Weltöffentlichkeit zu appellieren. Parallel zur fortschreitenden militärischen Vernichtung der spanischen Volksfront entsteht dadurch in kurzer Zeit der Kern eines kulturellen Gedächtnisses, der den politischen Untergang der Republik im April 1939 überdauert. Wie in einem Brennglas ist in ihm revolutionärer Romantizismus zur Essenz gebündelt.

Im mythenbildenden Zentrum der republikanischen Erinnerung steht Pablo Picassos künstlerische Interpretation der Zerstörung Guernicas, die gleichzeitig das Gegenstück bildet zur faschistischen Inszenierung des Kampfs um die eingekesselte Festung Alcazar in Toledo. „Guernica“ zählt wie Bertolt Brechts Drama „Die

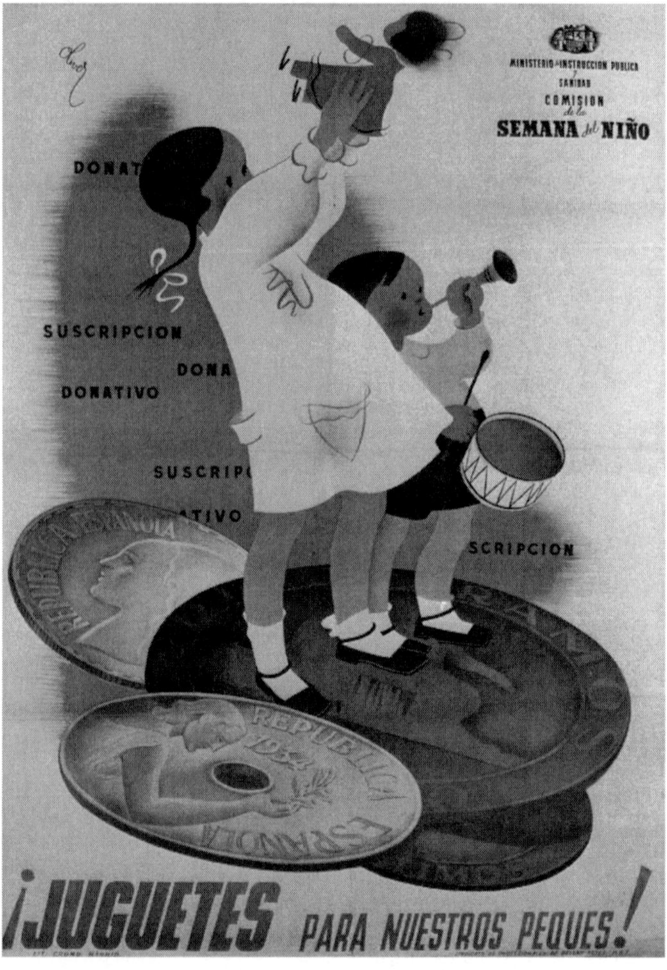

Farbplakat von Amado Oliver Mauprivez für das republikanische Bildungsministerium: Spielsachen für unsere Kleinen! (1937).

Bereits mit Kriegsbeginn im Juli 1936 verließen die ersten Frauen und Kinder Madrid.

Viele Flüchtlinge und Interbrigadisten strandeten mit Kriegsende 1939 in französischen Auffanglagern wie jenem bei Argeles-sur-Mer.

Gewehre der Frau Carrar" jedoch zu jenen Werken, die im Gegensatz zu den „Drei Kühen" fernab des Kriegsschauplatzes als unmittelbare Reaktionen auf die Ereignisse in Spanien entstanden sind. – Den erweiterten Kreis schließen vor allem bedeutende autobiografische Werke Ernest Hemingways, George Orwells, in deutscher Sprache Werke von Schriftstellern wie Willi Bredel, Alfred Kantorowicz, Gustav Regler und Bodo Uhse, die mit Kisch befreundet und als Interbrigadisten direkt in die Kampfhandlungen verwickelt waren. Ihre Werke erscheinen in den meisten Fällen erst Jahre nach der Niederlage, parallel zu nationalsozialistischen Spanienkriegsromanen, und sind über die Verarbeitung einschneidender persönlicher Erlebnisse entstanden – Kriegsliteratur, in der sich Faktisches mit Fiktionalem vor dem Hintergrund von Politischem in unterschiedlicher Intensität vermischt.

Kisch trifft Anfang Juni 1937 (beinahe zeitgleich mit Bair) in Spanien ein. Wie Robert Capa, der mit dem Bild des „sterbenden Soldaten" bereits im September 1936 das bekannteste Pressefoto des Bürgerkriegs geschossen hatte, versteht sich auch Kisch seinem Namen nach in erster Linie als „rasender Reporter", der direkt vom Schauplatz berichten und durch seine Anwesenheit Solidarität mit den Republikanern bekunden will. „Wer sich Schriftsteller nennt", äußert er sich Mitte Juli am Podium des 2. Internationalen Schriftstellerkongresses in Madrid, „muß heute seine ganze Energie, seine ganze Begabung und seinen ganzen Namen in die Waagschale werfen, um seine Leser zur Hilfe für Spanien aufzurufen." Gleichzeitig sei der Bürgerkrieg als historisches Ereignis festzuhalten, „damit die Geschichtsschreibung diesen heldenhaften Widerstand nicht verfälschen kann und ihn als das hinstellen muß, was er wirklich ist: ein Krieg um die Menschenrechte, gegen die modernsten Gewaltmethoden der Reaktion."

Kisch gelingt es letztlich nicht, einen geschlossenen Reportagenband über den Spanischen Bürgerkrieg vorzulegen, so wie er sie wenige Jahre zuvor im Rahmen seiner Reisen durch Amerika und Asien verfasst hatte; auch seine Pressebeiträge für verschiedene deutsche Auslandszeitungen in Paris, Prag und Moskau erreichen nicht das ursprünglich geplante Pensum. Die Korrespondenz über Post und Presseagenturen reißt mehrmals ab – in den ersten Wochen nach seiner Ankunft lähmt ihn zudem die allerorts spürbare Euphorie, die er literarisch zu verwerten nicht imstande ist. „Zu schreiben hätte ich so viel, daß ich – o dialektischer Gegensatz – gar nichts schreiben kann. So viel Eindrücke, so viel Menschen, daß das Gehirn zu bersten droht", notiert er am 6. Juni in einem Brief an Jarmila Haasová, seine tschechische Übersetzerin.

Bereits in den Reportagen der ersten Monate kühlt Kischs Stimmung merklich ab. Die Zeit von seiner Ankunft bis Oktober verbringt er großteils in Madrid; zeitweise gemeinsam mit Willi Bredel, Hans Marchwitza und Gisela Lyner bei spanischen Schriftstellern in einem leerstehenden Palazzo. Die kontinuierlichen Flächenbombardements, die er dort und in Valencia erlebt, hinterlassen in seinen drei umfassenderen Zeitungsreportagen „Valencia heute“, „Im ausgeräumten Prado“ und „Die Häuser und Paläste von Madrid“ sichtliche Spuren. Um seine Leser aufzurütteln, plant er, die zerfetzten Tierkadaver im Madrider Zoo literarisch zu verarbeiten, doch die Idee gelangt wie viele andere nicht an ein konkretes Ende. Gegenüber Erich Weinert klagt er, dass in diesem Krieg „jedes Erlebnis, das nach literarischer Gerinnung drängt, oft schon durch ein neues, stärkeres verdunkelt würde und man mit der Zeit statt ausgereifter Formen nur Torsi und Fragmente in der Hand habe“.

Kisch und Bair treffen einander Ende Juli 1937 bei Brunete, knapp dreißig Kilometer vor den Toren Madrids. Kisch hatte bereits kurz nach seiner Ankunft mit dem Besuch von verschiedenen Frontabschnitten begonnen, sollte im gesamten Verlauf seines Spanienaufenthalts jedoch fast nichts von seinen Recherchen für Frontberichterstattung verwerten. Als 52-jähriger Weltkriegsveteran, der den Krieg verabscheute, ging es ihm in erster Linie darum, die Moral der Truppe zu heben. „Kisch schloß Bekanntschaft mit allen“, berichtet Alfred Kantorowicz, damals Politkommissar beim Tschapajew-Batallion, „er sprach mit dem Koch wienerisch und radebrechte mit Leutnant Boris polnisch. Dem Adjutanten Franz schrieb er eine Widmung in sein Buch

‚China geheim', das Franz zufällig bei sich hatte, und die Wachposten und Küchengehilfen erfreute und erstaunte er durch seine verblüffenden Zauberkunststücke. Er war wieder einmal so ‚unseriös' wie nur möglich. (…) Wohin wir kamen, brachen Freudenkundgebungen aus. Die Schützen streckten ihm Notizblätter, Fotografien – oftmals die ihrer Frauen und Bräute – entgegen, damit er seinen Namen darauf schreibe. Das machte ihn verlegen, er improvisierte aber einige muntere Schüttelreime, die jeder Feierlichkeit die Spitze abbrachen."

Aus Brunete berichtet Bair Ähnliches. Kisch sei dort von vielen, „für die er offensichtlich ein Begriff war (…) stürmisch begrüßt" worden. „Er versuchte, interessante Geschichten zu erfahren. Einer hat auf mich hingewiesen, und Kisch hat dann gefragt, und ich hab ein bisschen erzählt."

Die Notizen der ersten Begegnung bleiben vorerst unbearbeitet; erst nach rund drei Monaten findet Kisch Ruhe, um seine Rechercheergebnisse zu verschriftlichen. Im Oktober 1937 verlegt er sein Quartier in das östlich von Madrid gelegene Benicasim – einen Nobelbadeort im Hinterland, dessen Villen geräumt und zum Kriegslazarett umfunktioniert worden sind, und in denen auch Kischs Bruder Bedrich als Arzt operiert. Bair, im August schwer verwundet, ist im September ebenfalls nach Benicasim verlegt worden und mit Kisch dort ein zweites Mal, nunmehr für mehrere Monate, zusammengetroffen.

In dieser Zeit vernachlässigt Kisch seine journalistische Berichterstattung und konzentriert sich stärker auf die historiografische Konservierung des Bürgerkriegs. Mehrfach fordert er die Verwundeten dazu auf, ihre Erlebnisse selbst aufzuschreiben, um sie in einem (letztlich nicht realisierten) Buch gesammelt zu veröffentlichen. Es hätte Kischs Intention zufolge davon berichten sollen, „welche Fährnisse für jeden Freiheitskämpfer von Anfang an damit verbunden waren, nach Spanien zu ziehen und dort die Entscheidungsschlacht gegen den Faschismus zu schlagen".

Bair liefert Kisch offensichtlich die ideale Vorlage für eine exemplarische Bearbeitung des Themas, zumal sich im Lebensweg des jungen Tirolers die wesentlichen Merkmale eines „positiven Helden" verdichtet hatten, wie sie Kisch von zahlreichen Bildungsromanen aus der Zeit der Aufklärung bis zu jenen des „Sozialistischen Realismus" geläufig sein mussten – Geschichten, in denen Heldentum nicht an physischer Überlegenheit, sondern am Grad der intellektuellen Entwicklung gemessen wird, den die Figuren in Auseinandersetzung mit ihrer Umwelt zu erreichen imstande sind. Auch Kisch zeichnet Bair nicht als tapferen Kriegshelden, sondern unterstreicht die emanzipatorische Leistung des Kleinbauern. Wie Goethes Wilhelm Meister erkennt der Held Bair, dass soziale Gegebenheiten durch eigenes Zutun verändert werden können, und schafft dadurch die Voraussetzung, sich aus einer ausweglos scheinenden Lebenssituation zu befreien – mag die verwegene Entscheidung Bairs in Wahrheit auch von jugendlicher Naivität und dem Mut der Verzweiflung durchsetzt gewesen sein. „Mit der Zeit wurde ich die Gedanken nicht mehr los“, sagt Bair später, „daß in Spanien Arbeiter und Bauern – wie meine Freunde und ich – um eine gerechte Ordnung kämpften und daß sie Hilfe brauchten. Ich verband diese Vorstellung mit der Idee, daß ihr Sieg auch Einfluß auf mein Leben haben könnte.“

Bair steht mit seiner Überzeugung beispielhaft für viele der 35.000 Interbrigadisten. Sein geistiger Weg nach Spanien ist wie jener von rund vierzig weiteren Tirolern jedoch überdurchschnittlich beschwerlich gewesen. In einer Region, deren geistiger Horizont in den 1930er-Jahren „mit Betstühlen und Hakenkreuzen vernagelt“ war, und in der vielen Minderbemittelten wie Bair nur eine unzureichende Schulbildung offenstand, hatten Spanienfreiwillige kein ideologisch aufbereitetes Terrain vorgefunden. Vielmehr hatten sie sich im Gegensatz zu ihren städtischen Kampfgefährten ideelle Überzeugungen weitgehend autodidaktisch angeeignet – angetrieben von instinktivem Gerechtigkeitssinn, für dessen Empfinden sie in der Regel eingeschüchtert, oftmals der Lächerlichkeit preisgegeben worden waren. Zwangsläufig gebärden sich die vier Tiroler in Paris als Hinterwäldler: Erstmals treten sie aus jahrelanger Bevormundung heraus, schlüpfen in eine selbstbewusste Rolle, die zu spielen sie in ihrer Heimat nie gelernt hatten. „Ich hatte Angst“, gesteht Bair später über sein ers-

Bild oben: Max Bair (links) und Johann Winkler im Frühjahr 1937, wenige Monate vor ihrer Abreise nach Spanien, in Puig im Tiroler Wipptal.

Bild rechts: Max Bair (links) im Sommer 1937 gemeinsam mit einem spanischen Kameraden.

„Ich bin sehr streng katholisch erzogen worden, habe die Zehn Gebote ernst genommen. Aber der Vergleich mit dem wirklichen Leben hat mich zweifeln lassen an deren Richtigkeit. Ich habe nicht mehr glauben können, was die Kirche gesagt hat. Die Auseinandersetzung mit meinen Zweifeln war für mich sehr schwer, und ich hatte lange Zeit große Angstgefühle. Ich kam zum Schluß, daß in der Welt etwas geändert werden muß, sagte mich schließlich los von der Religion und war diese Angstgefühle los. Niemand konnte mir dabei helfen. Arbeiter, die ich später als Kostgänger aufgenommen habe, eröffneten mir dann eine neue Welt. Sie vermittelten mir wieder einen Glauben an eine bessere Gesellschaft. Deshalb bin ich nach Spanien gegangen, um dafür zu kämpfen.“ (Max Bair, 1993 im Interview mit Waltraud Kreidl)

tes Zusammentreffen mit anderen Interbrigadisten, „sie würden merken, daß der Tiroler gar kein Kommunist ist, und daß sie mich am Ende gar nicht mitnehmen würden“, um in einem ähnlichen Zusammenhang zu ergänzen: „Aber sie waren so, wie ich geglaubt habe, daß ein Kommunist sein muß.“

Bair prädestiniert sich als literarische Heldenfigur gegenüber allen anderen Interbrigadisten letztlich durch das hohe Maß an Opferbereitschaft, das er durch den Verkauf seiner Kühe nicht nur im eigenen Interesse, sondern auch zur Unterstützung seiner drei Freunde zu erbringen gewillt war. Während viele Freiwillige vor ihrer Abreise nach Spanien wirtschaftlich bereits mit dem Rücken zur Wand standen (und vermutlich auch nie daran gedacht hatten, Privateigentum für einen Bürgerkriegseinsatz zu verpfänden), investiert der 20-jährige Bair – zehn Jahre jünger als seine Gefährten – eigenes Kapital, um das Gemeinschaftsunternehmen zu finanzieren. „nicht meine schuld ist es“, rechtfertigt sich Johann Winkler bald nach seiner Ankunft in Spanien in einem Brief an seine Freundin, „da ich im [Bair] des öfteren warnde er soll das nicht machen da er eine ferandwortung auf sich nimt aber du kennst ja die Schuster Köpfe die lassen sich nichs einreden.“

Am 15. November 1937 kündigt Kisch in einem Brief an Jarmila Haasová die Fertigstellung des Manuskripts an: „In der letzten Woche habe ich die Geschichte eines Tiroler Bauernjungen geschrieben, der hierhergekommen ist. Es sind 18 Schreibmaschinenseiten, ein unpraktisches Ausmaß für einen Artikel, wenn man ihn nicht in Fortsetzung zerreißen will. (...) Jedenfalls schicke ich es Dir dieser Tage zu, deutsch darf es aber nicht erscheinen, da es für eine Publikation bestellt ist."

Mit der angedeuteten Bestellung verweist Kisch vermutlich auf jene Broschüre, die im Frühjahr 1938 im Amalien-Verlag der Internationalen Brigaden in Madrid erscheint; mit Illustrationen des spanischen Plakatkünstlers Amado Oliver Mauprivez versehen, war sie in erster Linie für die Verteilung unter den Milizionären vor Ort bestimmt. Gleichzeitig versucht Kisch die Reportage auch außerhalb Spaniens in Umlauf zu bringen. Eine zweite Abschrift des Manuskripts übergibt er Ende Dezember 1937 während eines Kurzaufenthalts in der umkämpften Stadt Teruel an Willi Bredel, der gemeinsam mit Bertolt Brecht und Lion Feuchtwanger als Herausgeber der deutschen Exilzeitschrift „Das Wort" verantwortlich zeichnet. Über diese literarische Monatsschrift, die bis zum Ausbruch des Zweiten Weltkriegs vom Großteil der deutschsprachigen Exilautoren als Forum für politische Beiträge genutzt wird, gelangen die „Drei Kühe" im April 1938 in einer Auflage von 10.000 Exemplaren rund um den Erdball. Von Moskau ausgehend wird die Aprilausgabe der Zeitschrift in 14 Länder versandt und erreicht dabei auch weit gereiste Exilanten in New York, Haifa und Sidney.

An Jarmila Haasová schreibt Kisch am 12. Dezember 1937 (vermutlich erfolglos): „‚Die drei Kühe' schicke ich Dir zur Verbreitung in tschechischer Sprache. Es ist, glaube ich, besonders hübsch geworden. Wenn es für die ‚Tvorba' zu lang ist, so könntest Du es eventuell dem Spanien-Komitee als Broschüre anbieten, natürlich unentgeltlich. Deutsch kann es nicht erscheinen, weil ich darüber anderweitig verfügt habe. Ich lege Dir auch ein Foto von dem Helden der Geschichte bei, in Wirklichkeit ist er noch schöner, und Du würdest Dich sicher in ihn verlieben."

Der Spanische Bürgerkrieg tritt im Zeitraum der Erstveröffentlichung der „Drei Kühe" in seine entscheidende Phase. Um die Jahreswende 1937/38 erleiden die Republikaner bei Teruel eine verlustreiche Niederlage. Francos Truppen nehmen Kurs auf die Ostküste, dem Lauf des Ebro bis zur Mündung folgend, um das verbliebene Territorium der Republikaner in zwei Teile aufzuspalten. Dort sammeln sich auf stetig schrumpfendem Raum immer größere Gruppen an Flüchtlingen, Lebensmittel werden knapp, und entscheidende Hilfe aus dem Ausland ist nach dem Einmarsch Hitlers in Österreich und einem Regierungswechsel in Frankreich nicht mehr zu erwarten. Von den Wandzeitungen in Benicasim leuchten trotz allem die Ideale der Republik – die anrückende Niederlage taucht die Atmosphäre in schrille, utopische Farben, die Kisch in seiner letzten Spanienreportage „Soldaten am Meeresstrand" festhält und parallel zu den „Drei Kühen" als eigene Broschüre veröffentlicht.

Inmitten der allgemeinen Anspannung beginnt Bairs wechselhafte Karriere in den Reihen der Kommunistischen Partei. Mit den „Drei Kühen“ hatte Kisch ihn unerwartet ein Stück weit in die Höhe katapultiert, wodurch seine außergewöhnliche Lebensgeschichte eine Parteimitgliedschaft und manches Privileg eröffnen, aber nicht zuletzt vor dem Hintergrund der dramatischen Ereignisse keine solide Lebensbasis garantieren konnte. Als Kriegsuntauglicher, von seinen drei Tiroler Freunden längst getrennt, wird Bair nach der ersten Präsentation der Reportage in der Krankenstation verstärkt in die dortige Kulturarbeit eingebunden. Ende April spricht er im Freiheitssender von Barcelona, als Francos Tuppen zur Küste durchbrechen und in Benicasim endgültig die Lichter ausgehen. Kisch konnte noch rechtzeitig nach Paris abreisen; bereits am 4. Mai präsentiert er die „Drei Kühe“ auf einer Abendveranstaltung des Schutzverbands Deutscher Schriftsteller. Bair verbleibt in der Nordzone des republikanischen Gebiets, von wo aus er im August 1938 nach Frankreich evakuiert wird. Sein Tiroler Reisegefährte Johann Winkler ist zu diesem Zeitpunkt bereits wie Tausende andere in den Gefechten ums Leben gekommen. Stefan Zlatinger und der schwer verwundete Ludwig Geir passieren die französische Grenze erst gegen Kriegsende im Februar 1939. Sie stranden mit den letzten Flüchtlingswellen vorübergehend in eilig errichteten Internierungslagern am Fuß der Pyrenäen.

Die drohende Niederlage in Spanien wirft ihre Schatten auch auf Paris, wo die deutschsprachigen Exilschriftsteller mit zunehmender Aufenthaltsdauer in prekäre Lebensverhältnisse abdriften. „Trotz seiner ungewöhnlichen Produktivität und trotz mancherlei äußerer Anerkennung ist er [Kisch] in den Jahren der Emigration nie aus der Misere herausgekommen“, berichtet Bodo Uhse. „Um die Miete für die Zimmer aufzubringen, arbeitete Gisl gelegentlich in dem Hotel, das sie bewohnten, als Garderobiere. Einmal kam es gar so weit, daß man die Schreibmaschine aufs Leihhaus tragen mußte, bis das nächste Honorar eingegangen war.“

Nach außen beschwört Kisch bei privaten wie öffentlichen Zusammentreffen trotz allem kompromisslosen Zusammenhalt. „Das Schlimmste, was es in der Emigration gibt“, betont er, „ist Spaltung, denn sie nützt einzig und allein dem Gegner.“ Von seiner Hingabe an Weggefährten (und vermutlich auch von einer besonderen Sympathie) profitiert dabei der arbeitslose Bair: „Einmal hat er [Kisch] mich in Paris ins teuerste Restaurant ausgeführt. Er wollte mir zeigen, wie so etwas aussieht (...). Das hat eine Menge Geld gekostet. Aber er hat mir selbst gesagt: ‚Wenn ich Geld habe, dann gebe ich es aus. Wenn ich keins habe, dann habe ich eben keins.‘ Mir hat er jedes Mal, wenn ich zu Besuch in Versailles war, auch ein Zwanzig-Franc-Stück in die Hand gedrückt. Das war ein schönes Stück zusätzliches Taschengeld!“ Zwei Monate nach Bairs Ankunft in Paris verhilft ihm Kisch schließlich über Bekanntschaften zu einer längerfristigen Anstellung als Landarbeiter, fernab der Hauptstadt, auf dem Gut des Baron de Jouvenel. Bair kann dadurch nicht zuletzt auch einer drohenden Ausweisung aus Frankreich entgehen.

Unermüdlich bemüht sich Kisch in Paris trotz schwieriger Verhältnisse um Verbreitung (und seit seiner Ausweisung aus Deutschland verstärkt um Übersetzung) seiner Bücher. Kurz vor der Abreise Bairs aus Paris präsentieren Autor und Held die „Drei Kühe" ein letztes Mal auf dem Pressefest der Tageszeitung „l'Humanité" – einem politischen Volksfest mit rund 300.000 Besuchern, das rückblickend auch das Ende der geschlagenen französischen Volksfront besiegelt. Kurz zuvor hatte Kisch mehrere seiner Texte nach Moskau versandt, wo es Willi Bredel 1939 gelingt, eine russische Veröffentlichung der „Drei Kühe" in einem bedeutenden Verlag in die Wege zu leiten, wodurch Bairs Lebensgeschichte nicht zuletzt auch in den Moskauer Politbüros rasch publik wird.

Mit Kriegsbeginn in Polen erreicht die Demoralisierung in Paris ihren Höhepunkt. Stalins vollkommen unerwarteter Pakt mit den Nationalsozialisten zermürbt die Einheit im antifaschistischen Lager endgültig. In Anbetracht der drohenden Kriegsgefahr stellen die französischen Behörden Ausländer zusätzlich unter Kuratel. „Die, die nicht sofort eingesperrt wurden", referiert Kisch später in den USA, „hatten stets einen

UNE RÉPONSE A L'OFFENSIVE DES TRUSTS

5 HEURES DU MATIN — ÉDITION PARISIENNE

l'Humanité

ORGANE CENTRAL DU PARTI COMMUNISTE FRANÇAIS (S.F.I.C.)

LE NUMÉRO : 30 CENTIMES

Fondateur : Jean JAURÈS
Paul VAILLANT-COUTURIER
Directeur : Marcel CACHIN
Sénateur de la Seine

LUNDI
5 septembre 1938
QUATRE ÉDITIONS

PLUS DE 300.000 HIER A GARCHES

Dans l'immense clairière magnifiquement décorée et au loin, jusque dans les sous-bois, la foule enthousiaste accourue de Paris et de la plus lointaine banlieue, s'est rassemblée à la fête grandiose de l'HUMANITÉ

Venues de toutes les provinces, d'innombrables délégations ont affirmé, avec le peuple parisien, l'union de la nation laborieuse pour la défense des conquêtes sociales du Front populaire et la sauvegarde de la sécurité du pays

SOUS LES ACCLAMATIONS RÉPÉTÉES

Dans un émouvant discours, André MARTY exalte l'héroïsme de l'Espagne républicaine et appelle à la solidarité active pour les combattants de la liberté

Marcel CACHIN affirme la nécessité de l'unité pour sauver la paix menacée par le fascisme international

Jacques DUCLOS déclare : « La politique de M. Daladier ne peut avoir ni l'illusion, ni l'ambition d'unir la nation, car elle n'a pas la confiance de la France laborieuse profondément attachée au Front populaire et dont Hitler doit savoir qu'il la trouvera toujours unie contre lui. »

AUJOURD'HUI LES MINEURS D'ANZIN SE PRONONCENT SUR « L'ACCORD » DU 1er SEPTEMBRE

A COLOMBES DEVANT 25.000 SPECTATEURS

CONFIRMANT LES ESPOIRS PLACÉS EN LUI
Prudent JOYE
enlève le championnat européen du 400 mètres haies en 53 secondes 1/10e

Déroute de Bartali, grand favori

Le Belge KINT champion du monde de cyclisme sur route

"Une faible femme..."
Jacqueline COCHRANE
— devant neuf concurrents masculins —
RELIE à plus de 400 à l'heure
LE PACIFIQUE A L'ATLANTIQUE
et s'adjuge le "BENDIX TROPHY"

LA CRISE EN EUROPE CENTRALE

"Aucun compromis n'est possible: Il faut accepter tout notre programme"
déclare un lieutenant d'Henlein en présence de son chef

M. Gwatkin a rencontré le Führer des Sudètes dont les représentants conféreront aujourd'hui avec M. Benès

Hitler prendra la parole mardi à Nuremberg

A BORDEAUX
M. WILLIAM BULLITT, ambassadeur des États-Unis, a exalté l'accord des démocraties.
Et M. Georges BONNET a déclaré que la France resterait fidèle à ses engagements

Du chasseur la première course
Du lièvre la dernière

Titelseite der französischen Tageszeitung „l'Humanité" vom 5. September 1938.

Am 4. September 1938 präsentierten Kisch und Bair die „Drei Kühe" auf dem Pressefest der „l'Humanité" in Garches nahe Paris – ein Volksfest mit rund 300.000 Besuchern.

kleinen Handkoffer bereit mit zwei Hemden, zwei paar Socken und einer Hose, für den Fall, daß die Klingel ertönt und die Polizei erscheint." Nur dank finanzieller und diplomatischer Hilfe von Freunden gelingt ihm im Dezember 1939 noch die überhastete Ausreise nach New York und von dort nach Mexiko. Die notwendigen 150 US-Dollar für das Nachsenden zurückgelassener Habseligkeiten hat er nicht mehr.

Mit seiner langjährigen Lebensgefährtin Gisela Lyner hatte sich Kisch noch im Oktober '38 kurzfristig verheiratet, um unnötigen Ausreiseformalitäten aus dem Weg zu gehen. „Niemand wusste, wohin der Weg der unfreiwilligen Flucht noch führen würde, und ein Lebensbündnis ohne formale Heirat bedeutete nur ein weiteres Hindernis", erinnerte sich Kischs Freundin Lenka Reinerová. Eine Adoption Bairs soll dabei auch im Raum gestanden haben, sei laut Bair aber an Formalitäten gescheitert.

Bei Kischs Abreise aus Paris hatten sich die Wege des Helden und seines Biografen bereits getrennt. Bair hatte Monate vor Beginn des deutschen Polenfeldzugs, im Frühjahr 1939, gemeinsam mit rund achtzig ausgewählten Österreichern ein Visum für die Sowjetunion erhalten, wo sich ihm während des Zweiten Weltkriegs Kuraufenthalte zur Rekonvaleszenz, anschließend Beschäftigung in der Industrie und politische Kaderschulung eröffnen. Für die meisten österreichischen Spanienkämpfer führt ihr Weg hingegen freiwillig (nach dem Sieg der Wehrmacht in

Frankreich gezwungenermaßen) aus den französischen Internierungslagern zurück in ihre Heimat, wo sie großteils direkt in Konzentrationslager überstellt werden. Auf freiem Fuß, aber im französischen Exil geistig in die Enge getrieben, nehmen sich 1939/40 zahlreiche Intellektuelle das Leben – unter ihnen Walter Benjamin, Ernst Weiss und Walter Hasenclever. Willi Münzenbergs Tod (er zählte nach dem Hitler-Stalin-Pakt zu den gewichtigsten kommunistischen Dissidenten) bleibt auf Dauer geheimnisumwittert.

Die „Drei Kühe“ gelangen kurz vor Kriegsbeginn auf gesondertem Weg abermals nach Westen. Max Bairs Gefährten Stefan Zlatinger war mit einer kleinen Gruppe von internierten Spanienflüchtlingen im Sommer 1939 die Ausreise nach Großbritannien gelungen, wobei vermutlich in ihrem Gepäck jenes illustrierte Exemplar der Reportage mitgeführt wurde, das im Juli 1939 von den beiden jungen Kommunisten Randall Swingler und Stewart Farrar übersetzt und als Groschenheftausgabe in Umlauf gebracht wird.

Wie Bair erhält auch Zlatinger in Großbritannien über die Kriegsjahre Beschäftigung als Industriearbeiter; Swingler und Farrar stehen mit vielen ihrer englischen Parteigenossen hingegen bald in den Reihen der königlichen Armee. Beide überleben den Zweiten Weltkrieg: Swingler, bereits vor dem Krieg Kleinverleger und Arbeiterschriftsteller mit mäßigem Erfolg, publiziert in seinen letzten Lebensjahren im Umfeld des aufstrebenden Historikers Edward Palmer Thompson,

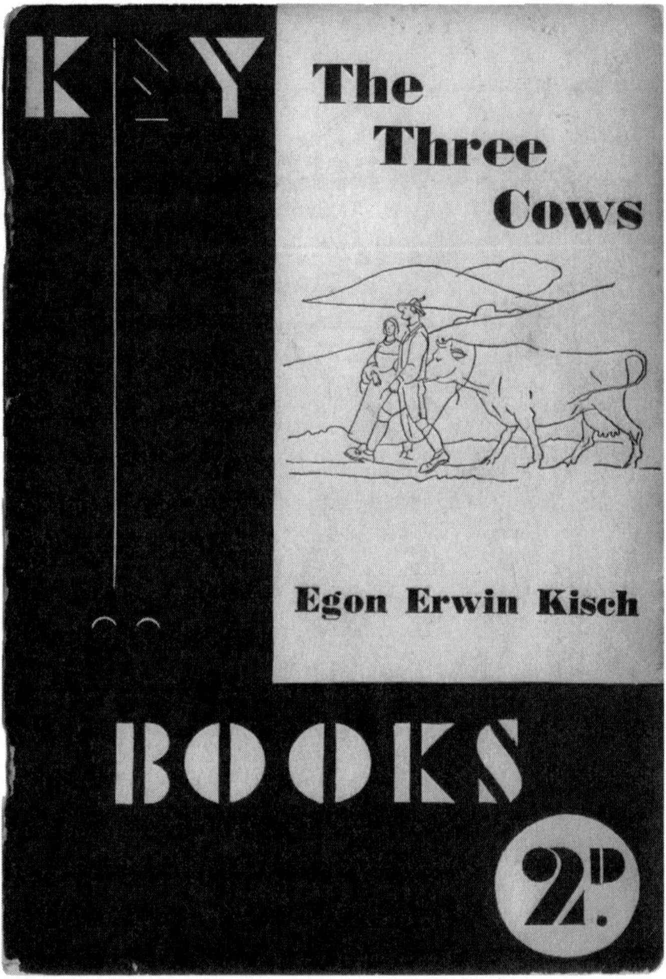

Eine englische Übersetzung der „Drei Kühe“ erschien als Groschenheftausgabe 1939 in London im Kleinverlag „Fore Publications“ des Randall Swingler.

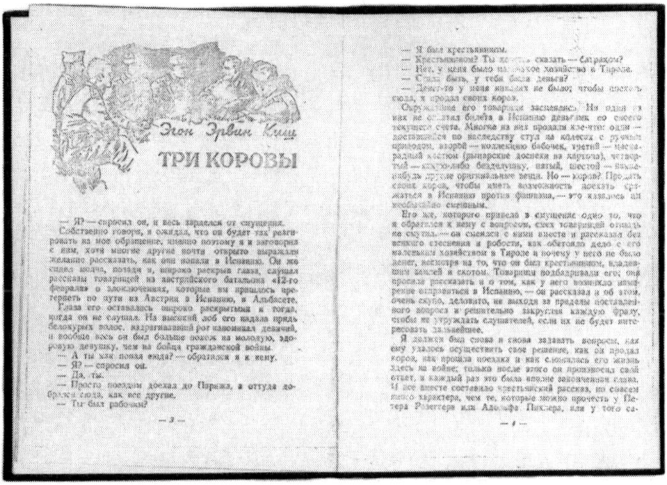

Эгон Эрвин Киш

ТРИ КОРОВЫ

— Я? — спросил он, и весь зарделся от смущения.

Собственно говоря, я ожидал, что он будет так реаги-ровать на мое обращение, именно поэтому я и заговорил с ним, хотя многие другие почти открыто выражали желание рассказать, как они попали в Испанию. Он же сидел молча, позади и, широко раскрыв глаза, слушал рассказы товарищей из австрийского батальона «12-го февраля» о злоключениях, которые им пришлось пре-терпеть по пути из Австрии в Испанию, в Альбасете.

Глаза его оставались широко раскрытыми и тогда, когда он не слушал. На высокий лоб его падала прядь белокурых волос, надрагивающий рот напоминал девичий, и вообще весь он был больше похож на молодую, здо-ровую девушку, чем на бойца гражданской войны.

— А ты как попал сюда? — обратился я к нему.

— Я? — спросил он.

— Да, ты.

— Просто поездом доехал до Парижа, а оттуда до-брался сюда, как все другие.

— Ты был рабочим?

— 3 —

— Я был крестьянином.

— Крестьянином? Ты хочешь сказать — батраком?

— Нет, у меня было маленькое хозяйство в Тироле.

— Стало быть, у тебя были деньги?

— Денег-то у меня никаких не было; чтобы поехать сюда, я продал своих коров.

Окружавшие его товарищи засмеялись. Ни один из них не оплатил билета в Испанию деньгами со своего текущего счета. Многие из них продали кое-что: один — доставшийся по наследству стул на колесах с ручным приводом, второй — коллекцию бабочек, третий — маска-радный костюм (рыцарские доспехи из картона), четвер-тый — какую-либо безделушку, пятый, шестой — какие-нибудь другие оригинальные вещи. Но — коров? Продать своих коров, чтобы иметь возможность поехать сра-жаться в Испанию против фашизма, — это казалось им необычайно смешным.

Его же, которого привело в смущение одно то, что я обратился к нему с вопросом, смех товарищей отнюдь не смутил, — он смеялся с ними вместе и рассказал без всякого стеснения и робости, как обстояло дело с его маленьким хозяйством в Тироле и почему у него не было денег, несмотря на то, что он был крестьянином, владев-шим землей и скотом. Товарищи подбадривали его; они просили рассказать и о том, как у него возникло наме-рение отправиться в Испанию, — он рассказал и об этом, очень скупо, деловито, не выходя за пределы поставлен-ного вопроса и решительно закругляя каждую фразу, чтобы не утруждать слушателей, если их не будет инте-ресовать дальнейшее.

Я должен был снова и снова задавать вопросы, как ему удалось осуществить свое решение, как он продал коров, как прошла поездка и как сложилась его жизнь здесь на войне; только после этого он произносил свой ответ, и каждый раз это была вполне законченная глава. И все вместе составило крестьянский рассказ, но совсем иного характера, чем те, которые можно прочесть у Пе-тера Розеггера или Адольфа Пихлера, или у того са-

— 4 —

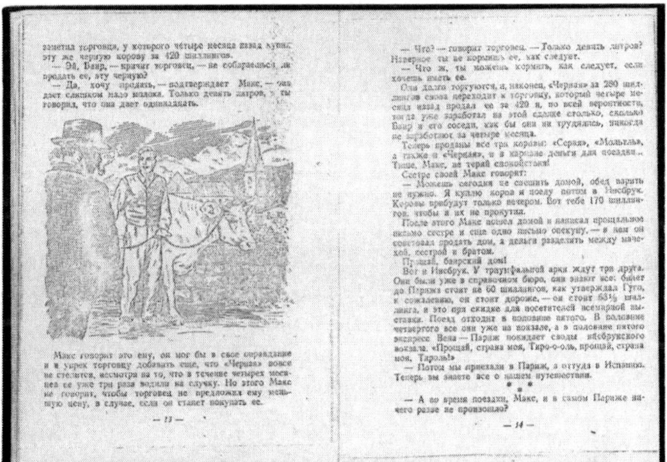

заметил торговца, у которого четыре месяца назад купил эту же черную корову за 420 шиллингов.

— Эй, Баир, — кричит торговец, — не собираешься ли продать ее, эту черную?

— Да, хочу продать, — подтверждает Макс, — она дает слишком мало молока. Только девять литров, а ты говорил, что она дает одиннадцать.

Макс говорит это ему, он мог бы в свое оправдание и в упрек торговцу добавить еще, что «Черная» вовсе не стелится, несмотря на то, что в течение четырех меся-цев ее уже три раза водили на случку. Но этого Макс не говорит, чтобы торговец не предложил ему мень-шую цену, в случае, если он станет покупать ее.

— 13 —

— Что? — говорит торговец. — Только девять литров? Наверное ты не кормишь ее, как следует.

— Что ж, ты можешь кормить, как следует, если хочешь иметь ее.

Они долго торгуются, и, наконец, «Черная» за 280 шил-лингов снова переходит к торговцу, который четыре ме-сяца назад продал ее за 420 и, по всей вероятности, тогда уже заработал на этой сделке столько, сколько Баир и его соседи, как бы они ни трудились, никогда не заработают за четыре месяца.

Теперь проданы все три коровы: «Серая», «Мольтль», а также и «Черная», и в кармане деньги для поездки.. Тише, Макс, не теряй спокойствия!

Сестре своей Макс говорит:

— Можешь сегодня не спешить домой, обед варить не нужно. Я куплю коров и поеду потом в Инсбрук. Коровы прибудут только вечером. Вот тебе 170 шиллин-гов, чтобы я их не прокутил.

После этого Макс пошел домой и написал прощальное письмо сестре и еще одно письмо опекуну, — в нем он советовал продать дом, а деньги разделить между маче-хой, сестрой и братом.

Прощай, баирский дом!

Вот и Инсбрук. У триумфальной арки ждут три друга. Они были уже в справочном бюро, они знают все: билет до Парижа стоит не 60 шиллингов, как утверждал Гуго, к сожалению, он стоит дороже, — он стоит 63½ шил-линга, и это при скидке для посетителей всемирной вы-ставки. Поезд отходит в половине пятого. В половине четвертого все они уже на вокзале, а в половине пятого экспресс Вена — Париж покидает своды инсбрукского вокзала. «Прощай, страна моя, Тиро-о-оль, прощай, страна моя, Тироль!»

— Потом мы приехали в Париж, а оттуда в Испанию. Теперь вы знаете все о нашем путешествии.

* * *

— А во время поездки, Макс, и в самом Париже ни-чего разве не произошло?

— 14 —

In russischer Sprache erschienen die „Drei Kühe" im selben Jahr gemeinsam mit Willi Bredels Text „Die Feuertaufe" im bedeutenden „Staatlichen Militärverlag" in Moskau.

der 1963 eine bahnbrechende Studie zur britischen Sozialgeschichte veröffentlicht.

Stewart Farrar, Reporter für diverse britische Zeitschriften, bricht wie auch Swingler nach dem Ungarn-Aufstand 1956 mit der Kommunistischen Partei. Seine zweite Karriere führt ihn im Sog der Achtundsechziger-Bewegung in den engeren Kreis einer neuheidnischen Hexenreligion, der er bis zu seinem Tod im Jahr 2000 sein publizistisches Hauptaugenmerk widmen wird. – Auch Zlatinger erlebt das Kriegsende in Großbritannien, kehrt allerdings nicht mehr nach Tirol zurück. In Leeds erliegt er noch im August 1945 im Alter von nur 43 Jahren einem Krebsleiden.

Sind die „Drei Kühe" Tiroler Literatur?

Kisch unterhielt zu Lebzeiten keine Kontakte zu Tiroler Schriftstellern; alpinen Gefilden war er im Laufe seiner ausgedehnten Reportagereisen stets ausgewichen. Aus Tirol wiederum hatte vermutlich noch in der Zwischenkriegszeit keine Publikation den weiten Weg nach Prag oder Berlin zurückgelegt, die den „rasenden Reporter" auch hätte interessieren können. Die christlich-sozialen Kalendergeschichten mit antisemitischem Einschlag aus der Feder des Sebastian Rieger (Reimmichl), die in sämtlichen Tiroler Bauernstuben zu finden waren, dürfte Kisch nicht gekannt haben – und sie hätten ihn vermutlich wenig amüsiert. Arbeiterdichter der Zwischenkriegszeit, wie der junge Innsbrucker Hans Untermüller und der anarchistisch inspirierte Franz Alfons Helmer, waren wie Bair und seine Freunde isolierte Einzelgänger und bis Anfang des 21. Jahrhunderts nicht einmal in Tirol bekannt. Mit den Autoren der Innsbrucker Kulturzeitschrift „Der Brenner", die sich Anfang des 20. Jahrhunderts am kritischen Freigeist Karl Kraus' inspirierten, dürfte Kisch ebenso wenig Kontakt gesucht haben, verband ihn doch mit Kraus – der für Kisch ein eitler Snob, der „verschmockteste Schmock aus Wien" war – bereits seit seiner Prager Zeit eine leidenschaftliche Feindschaft.

Als negative Blaupause für seine Bauerngeschichte greift Kisch mit Berthold Auerbach, Peter Rosegger und Adolf Pichler somit auch auf drei Autoren des (ausgehenden) 19. Jahrhunderts zurück, von denen lediglich Letzterer zu den stilbildenden Tiroler Autoren zu zählen war. Der Steirer Peter Rosegger hatte sich in der Erzählung „Peter Mayr" (eines Kampfgefährten des anti-napoleonischen Freiheitskämpfers Andreas Hofer) als Außenstehender mit Tirol befasst, war ansonsten wie Auerbach – nicht zuletzt aufgrund seiner überregionalen Leserschaft – aber näher im Umfeld der Novellen des Schweizers Gottfried Keller anzusiedeln.

Konstruktive Anleihen für seine „Bauerngeschichte anderer Art" könnte Kisch hingegen am Werk des bayrischen Schriftstellers Oskar Maria Graf genommen haben, mit dem er spätestens seit den ersten Exiljahren bestens bekannt war, und dessen Werke sich im Stile der „Drei Kühe“ von Tiroler Bauernerzählungen in wesentlichen Aspekten unterscheiden. Graf, ursprünglich Bäckergeselle, war vor den Prügeln seines gewalttätigen Bruders vom Land in die Stadt geflohen, um dort Schriftsteller zu werden, und dabei 1919 in der Zeit der Münchner Räterepublik auch mit sozialistischem Gedankengut in Berührung gekommen. In seinen Kalendergeschichten und Romanen, die er stets ausdrücklich als „Provinzschriftsteller“ verfasste (auf Visitenkarten bezeichnete er sich auch als „Spezialist für ländliche Sachen“), zeigt Graf eine bäuerliche Realität, in der soziale Status fundamental mit materiellem Besitz, mit Haus und Hof, verbunden ist. Im Gegensatz zu den Werken der klassischen Tiroler Dramatiker Franz Kranewitter und Karl Schönherr können in den Werken Grafs (wie bei Kisch) jedoch auch Minderbemittelte, Unangepasste prinzipiell gesellschaftliche Anerkennung erlangen, ohne selbst Hofeigentümer zu werden – anders als bei Kisch sogar innerhalb der bäuerlichen Gesellschaft.

Mit Banscho, einem zugereisten Pfannenflicker, vielleicht auch Zigeuner, in jedem Fall sozialistisch inspiriert, entwirft Graf 1941/42 im US-amerikanischen Exil einen fiktiven Arbeiterhelden, der in Ansätzen mit Johann, Stefan und Ludwig aus Kischs „Drei Kühen“ vergleichbar ist. Graf lässt Banscho einen Weg beschreiten, der für unterprivilegierte Figuren in Tiroler Bauerngeschichten gemeinhin nicht denkbar ist (und letztlich auch historisch kaum nachgewiesen

Die bäuerliche Gesellschaft im Tirol der Zwischenkriegszeit. Für nationalsozialistische Blut-und-Boden-Literatur ein Hort moralischer und ethnischer Reinheit. Kisch enthüllte die morschen ökonomischen Fundamente und zeigte im Gegensatz zur klassischen Tiroler Literatur, dass der Einzelne die gefühlte Enge der Provinz nicht nur erleiden, sondern sie gänzlich überwinden kann.

Im Bild: Eine bäuerliche Hofgesellschaft in Südtirol 1936.

werden kann). Banscho gelingt es, das Misstrauen der Bauern durch sein handwerkliches Geschick zu überwinden, und er kann innerhalb der Dorfgemeinschaft sogar bedingt auf die Überzeugungen der Bauern einwirken. Unterschiedliche Wertvorstellungen werden dabei nicht gänzlich ausgeräumt. Die Dorfbewohner akzeptieren Banscho jedoch als Freidenker, und nach seinem Verschwinden („Der Banscho war verschwunden wie die Freiheit allüberall“) wird er zur mythischen Symbolfigur dörflichen Zusammenhalts, an der sich passiver Widerstand gegen den Nationalsozialismus entzündet.

Auch Kranewitter und Schönherr zeigen in der Tradition des Tiroler Volksschauspiels soziale Außenseiter, Knechte, Karrner, urige Käuze. Keiner der Charaktere kann sich jedoch materiellem Profitdenken entziehen, auch wenn er an der Realität dadurch mitunter wissentlich zugrunde geht. Kranewitter steigert in seinem Stück „Um Haus und Hof“ (1895 erst nach einschneidender Zensur uraufgeführt) die geistige Enge der bäuerlichen Provinz sogar bis zur Beklemmung. Er lässt seine Figuren an der Enge jedoch zerbrechen, einander umbringen, weil sie weder abwandern noch miteinander kommunizieren, und gemeinsame Probleme deshalb nicht lösen können.

Auch in Karl Schönherrs „Erde“ (1907) ist Überwindung des bäuerlichen Milieus nicht möglich. Eine klare Hierarchie mit dem Bauern an der Spitze ist für Schönherr im Gegensatz zu Kranewitter jedoch legaler

Naturzustand. „Von Grund und Boden gehen, dös kann man nit und dös tut man nit“, und so kommt die Magd Trine bei ihrem Ausreißversuch über das letzte Feld des Grutznhofs nicht hinaus, weil sie sich im Gegensatz zu Max Bair eine Welt jenseits der Provinz gedanklich nicht vorstellen kann. Nicht menschliche Qualitäten, einzig eigener „Boden unter die Schuhsohlen“ vermag demjenigen Selbstwertgefühl und Anerkennung zu verschaffen, der sich am Hof nicht länger unterordnen will. Die Wirtschafterin Mena muss dafür allerdings Gefühle erdrosseln, bittere Kompromisse eingehen und am Ende – in einer Szene, die einem Kuhhandel gleichkommt – in eine Heirat mit dem unterprivilegierten Bäuerlein vom entlegenen Eishof einwilligen.

Die Diskrepanz zwischen Kischs „Drei Kühen“ und Tiroler Bauernliteratur steigert sich in den Tiroler Werken der 1930er- und 1940er-Jahre um eine weitere Nuance. „Kein namhafter Autor war im Exil oder im Widerstand gewesen“, musste die Tiroler Literaturwissenschaft Jahrzehnte später feststellen. Als Kischs Bücher 1933 auf den Scheiterhaufen brannten und Oskar Maria Graf in einem vielbeachteten Artikel die Verbrennung seiner Bücher einforderte, um nicht von den Nationalsozialisten vereinnahmt zu werden (Grafs Bücher wurden auch nachträglich verbrannt), nahmen Tiroler und Südtiroler Autoren rasch die Möglichkeit wahr, die leergeräumten Regale mit ihren Büchern aufzufüllen. Autoren wie Luis Trenker, Anton Graf Bossi-

Fedrigotti, Joseph Georg Oberkofler und Karl Springenschmid (er hatte in Salzburg führend an einer Bücherverbrennung teilgenommen) erreichten mit Soldaten- und Bauernromanen nunmehr ein deutsches Massenpublikum, und vor allem Trenker zeitweise Anerkennung in höchsten NS-Kreisen.

In ihren Werken weitet sich die Kluft zu Kischs „Drei Kühen" auch inhaltlich zum unüberbrückbaren Graben. In Oberkoflers Blut-und-Boden-Roman mit sinnbildlichem Titel „Der Bannwald" ist ein Bruch der bäuerlichen Sippschaft mit Grund und Boden nicht nur unmöglich; die Bindung des Bauern an die Scholle ist über Generationen zum Heiligtum gewachsen. Für Fortbestand und Reinhaltung der Familientradition ist der Einzelne deshalb sogar bereit, sein Leben zu opfern. Bairs Entscheidung, seinen Hof aufzugeben, steigert sich in diesem Kontext folglich zur Blasphemie.

Vor dem Hintergrund der nationalsozialistischen Siedlungspolitik (von der nicht zuletzt die Südtiroler Bevölkerung betroffen war) und in Anbetracht der seit 1933 laufenden Auswanderung von Tiroler Wirtschaftsmigranten in die brasilianische Kolonialsiedlung „Dreizehnlinden" eröffnen nunmehr auch Luis Trenker und Karl Springenschmid dem Tiroler die Möglichkeit, sein Land physisch (nicht aber geistig) zu verlassen. Wer als zweitgeborener Sohn keine Aussicht hat, Bauer auf eigenem Hof zu werden, dem bleibt Abwanderung in den städtischen Moloch in ihrem Roman „Leuchtendes Land" (1937) erspart. Der Tiroler Thomas Hoffingott (!) baut in dieser Geschichte am Fuß des Kilimandscharo deutsches Getreide an und praktiziert das, was Nationalsozialisten in Südtirol italienischen Faschisten vorwerfen. Er erniedrigt die einheimische Bevölkerung und zwingt ihr fremde Kultur auf. Der „schmutzige Lendenschurz" eines afrikanischen Jungen wird gegen eine Tiroler Lederhose ausgetauscht. – „Muini heißen bei uns die Katzen. Jokele heißt du!"

Sind die „Drei Kühe" Tiroler Literatur? Kisch ist Weltliteratur, in einer Form, wie es sie in Tirol wohl nie gegeben hat. 1939 erscheint in den USA John Steinbecks Roman „The Grapes of Wrath" (Früchte des Zorns), in dem Steinbeck das Schicksal von Farmern aus Oklahoma in der Zeit jener Weltwirtschaftskrise schildert, von der auch die Tiroler Bauern im Wipptal betroffen waren. In Oklahoma sind die Höfe nicht nur verschuldet; die Farmer sind durch Dürre und sich formierende Landwirtschaftskonzerne bereits zur massenhaften Abwanderung nach Kalifornien gezwungen. Von Eigentümern zu Besitzlosen degradiert, erleben sie dort Ausbeutung und gesellschaftliche Erniedrigung, wie sie auch den Tiroler Spanienkämpfern nicht fremd waren. Steinbecks fiktive Hauptfigur, der Farmersohn Tom Joad, ist analog zu Kischs Max Bair ursprünglich ein unpolitischer Charakter, der im Laufe der Geschichte den gewerkschaftlichen Zusammenschluss der Landarbeiter aktiv zu unterstützen beginnt. Auch er wird wie Banscho letztlich zum Untertauchen gezwungen (Steinbeck lässt Joad in einer Auseinandersetzung mit Streikbrechern einen Mord begehen). Tom Joad avanciert im Gegensatz zu Banscho und auch Max Bair jedoch de facto zur konkreten Symbolfigur der Aufbegehrenden. 1940 wird Steinbecks Roman – nicht ohne vorher in den USA auch verbrannt worden zu sein – in New York mit dem Pulitzer-Preis ausgezeichnet, parallel dazu mit Henry Fonda in der Rolle des Tom Joad erstmals verfilmt. 1962 erhält Steinbeck den Literatur-Nobelpreis. Die Jury begründet: „Für seine ebenso realistischen wie phantasievollen Werke, die durch ihren einnehmenden Humor und ihre soziale Tragweite Anerkennung verdienen."

Die Tiroler Publizistik produziert zeitgleich andere Heldenformate. Sie kennt unterschiedliche Varianten des rückwärtsgewandten Freiheitskämpfers Andreas Hofer – und den neuzeitlichen Bauernrevolutionär Michael Gaismair, den die nationalsozialistische Propaganda längst zum Antisemiten verfälscht und für eigene Zwecke missbraucht hat.

Max Bair und seine Freunde waren 1937 mit der Intention aufgebrochen, ihrem Leben eine entscheidende Wendung zu geben, hatten sich aber nicht der Illusion hingegeben, in Tirol jemals als Freiheitskämpfer verehrt zu werden. „die leute werden im [Bair] sowie mich falsch beurteilen da sie es nicht anders verstehen", lässt Johann Winkler in einem Brief aus Spanien Nachsicht walten. 1945, bei ihrer Rückkehr nach Tirol, werden Max Bair und Ludwig Geir mit der bitteren Realität konfrontiert, die ihr inzwischen verstorbener Gefährte prognostiziert hatte. „Mir ist es gar nicht recht gewesen, daß ich solch einen Onkel hab', der Kommunist war“, erzählt eine Nichte Bairs Jahre später. „Mei, was ham die Leut alles geredet. Sie wissen ja, wie damals die Zeit war.“

Trotz der Vorbehalte, die für die beiden Heimkehrer zu erwarten waren, versuchen sie in die Tiroler Gesellschaft zurückzufinden. Ihre unvermittelte Abreise acht Jahre zuvor, mit der sie ihre nächsten Angehörigen allein zurückgelassen hatten, dieser Bruch hatte jedoch tiefere Gräben aufgerissen, als sie vermutlich gedacht hatten. Durch die traumatischen Kriegserlebnisse war die Kluft noch verbreitert worden, und etwa zu Bairs bereits verstorbener Schwester Lina nur mehr in Erinnerungen an gemeinsame Zeiten zu überwinden.

Für viele Tiroler mag es schwer nachvollziehbar gewesen sein, dass „Rotspanienkämpfer“, die freiwillig in der Fremde in den Krieg gezogen waren, für sich beanspruchten, „mehr für ein freies Österreich beigetragen [zu] habe[n], als viele Indifferente oder gar Nutznießer des faschistischen Regimes“, wie Ludwig Geir hieb- und stichfest argumentierte. In der Zeit, als Max Bair und Ludwig Geir in Spanien schwer verwundet wurden und Johann Winkler ums Leben kam, hatten die meisten Tiroler mit ihren Familien die Höfe ohne Gedanken an Politisches weiter bewirtschaftet. Sie waren mit Kriegsbeginn von den Ereignissen jedoch bald heimgesucht und rasch zur Wehrmacht eingezogen worden. Auch sie hatten infolgedessen mitunter Schreckliches erlebt (Bairs Bruder war erblindet aus dem Krieg zurückgekehrt), aber nur die wenigsten unter ihnen hatten sich zu Widerstandsaktionen durchringen können. Ludwig Geirs Flucht nach jahrelanger Internierung in Frankreich, sein Untertauchen mit jüdischen Flüchtlingen und sein Kampf aufseiten der Résistance musste ihnen – ebenso wie Bairs Einsatz unter Partisanen in Slowenien – überwiegend als Abenteurerei erscheinen. Die beiden Wipptaler hatten im Untergrund nicht zuletzt auch ihren eigenen Weg gefunden, intensive Freundschaften geschlossen, spätere Lebensgefährtinnen kennengelernt, und waren in den Wirren des Krieges zu glücklichen, wenn auch mittellosen Vätern geworden. „Mir ham ihm gsagt: Nun wird's Zeit, daß du auch mal was Anständiges machst", erzählt ein Vetter Bairs. „Bisher war's doch nur Larifari gewesen. Da ist er beleidigt weggegangen. Das hat er nicht hören mögen."

Anschluss finden die beiden, wie auch die meisten anderen Heimkehrer aus Spanien, im Umfeld der Kommunistischen Partei Österreichs (KPÖ), als deren Tiroler Landessekretär Max Bair nicht zuletzt aufgrund seines propagandistischen Werts noch im Juli 1945 vom Wiener Zentralkomitee eingesetzt wird. Für Ludwig Geir wird die Partei auch zur physischen Heimat. Körperlich versehrt, arbeitet er als Bürobote für die lokale Parteizeitung und bewohnt (bald auch mit Frau und Kind) in den ersten Nachkriegsmonaten elf Quadratmeter des Innsbrucker Parteilokals.

Als Kommunisten stigmatisiert, können beide in ihrer ursprünglichen Heimat jedoch nicht mehr Fuß fassen. Wer geistig ausbricht, kann physisch nicht mehr zurückkehren, ohne seine alte Welt zu verändern oder ideellen Bankrott zu erklären. Die ursprüngliche Vorstellung, bei ihrer Heimkehr in Tirol als Befreier mit den Nationalsozialisten radikal abzurechnen, erweist sich jedoch bald als Illusion. Vielmehr stehen die beiden Tiroler selbst tief verwurzelten Ressentiments gegenüber. Die KPÖ gilt den meisten Österreichern als „Russenpartei", mit jenen im Bunde, die von Goebbels' Propaganda jahrelang als „Untermenschen" diffamiert wurden und als Plünderer im besetzten Ostösterreich den Vorurteilen nun eigenmächtig Vorschub leisten. Von der KPÖ eingeforderte Verstaatlichungen in der Industrie erscheinen der besitzenden Landbevölkerung als Schreckgespenst: In Summe sind Kommunisten im Vergleich mit den gemäßigten Sozialdemokraten vielen suspekt, trotz (oder gerade wegen) manch aufrichtig demokratischer Initiative. Bei den ersten Wahlen im November 1945 geht die Partei kläglich unter (in Tirol erreicht sie zwei Prozent der Wählerstimmen) und versinkt österreichweit bald in der politischen Bedeutungslosigkeit. Daraus ergibt sich für ihre Mitglieder vor allem, dass sie von Ämter- und Ressourcenverteilung im neuen Parteienstaat großteils ausgeschlossen bleiben.

Auch für eine Rückkehr der „Drei Kühe" ist der Boden in keiner Weise aufbereitet. Tirol bleibt in den ersten Nachkriegsjahren „kulturelle Steppenlandschaft".

Rückkehr ins zivile Leben: Von den vier Gefährten kehrten 1945 nur mehr Max Bair und Ludwig Geir nach Österreich zurück. Beide hatten im Widerstand intensive Freundschaften geschlossen und Lebensgefährtinnen gefunden.

Im Bild: Ludwig Geir mit seiner Frau Erna Meisner. Sie waren einander in einem gemeinsamen Flüchtlingsversteck in Frankreich zum ersten Mal begegnet.

Ehemalige NS-Autoren können in alteingesessenen Verlagen nach wenigen Jahren bald wieder Heimatliteratur publizieren, sind in der Provinz ungebrochen literarische Elite. Die französische Militärverwaltung setzt in der Stadt zwar erste progressive Impulse, öffnet die Fenster der Region jedoch nur gen Westen. Ein kommunistischer Dramatiker wie Bertolt Brecht wird in Österreich noch bis ins Jahr 1958 boykottiert, seine Dreigroschenoper im Tiroler Landestheater immerhin 1959 uraufgeführt. „Ich glaube nicht, daß Sartre und seine zünftigen Spießgesellen Wohltäter der Menschen sind – aber ich glaube das von Reimmichl", ist in den Worten eines Innsbrucker Predigers der Zeitgeist jener Jahre markant überliefert.

Kisch kehrt 1946 aus Mexiko nach Prag zurück, in seine Geburtsstadt, die sich im Krieg radikal verändert hat. Zwei seiner Brüder sind im Konzentrationslager ums Leben gekommen, von seinen Büchern ist ihm kein einziges Exemplar geblieben, „von meinen Jugendfreunden ist niemand mehr in der Stadt". Quartier bezieht er bei Rudolf Fischer (einem Kollegen aus seiner ehemaligen Prager Fußballmannschaft), wo ihn auch ein Brief Max Bairs erreicht, der seinen Biografen nicht vergessen hat. Unvermittelt nimmt Kisch seine Arbeit abermals auf. 1948 realisiert er noch einen Reportagenband im Wiener Globus-Verlag der KPÖ, in dem er auch die „Drei Kühe" nochmals veröffentlicht. Nach Jahrzehnten der hektischen Reportagereisen, Jahren an der Spitze des politischen Exils und unzähligen Begegnungen mit Menschen aus allen sozialen Schichten und Erdteilen stirbt der „rasende Reporter“ 62-jährig – aufgegangen, verbrannt in einem beispiellosen Leben.

Max Bair und Ludwig Geir verlassen Tirol bereits 1947 und finden als Kommunisten den Weg in ein ziviles Leben. Ludwig Geir erhält in der sowjetischen Besatzungszone eine Anstellung als Betriebsfeuerwehrmann bei der Mineralölverwaltung. Noch bevor die Besatzungstruppen 1955, nach Rückgabe der vollen Staatssouveränität an Österreich, sämtliche Betriebe an die Republik übergeben, geht er als Kriegsversehrter in Frühpension. Auch er stirbt in mittlerem Alter mit 54 Jahren 1962 in Wien.

Max Bair sucht nach ersten Rückschlägen über den Bildungsweg nochmals den sozialen Aufstieg. Als Tiroler Landessekretär der KPÖ hatte man ihn mangels Erfahrung und Kontakt zu den Tiroler Genossen bereits nach knapp zwei Jahren wieder abgesetzt; von seiner Frau Victoria Jarc, die ihm von Slowenien nicht nach Tirol gefolgt war, ist er bereits wieder getrennt. Wie Ludwig Geir übersiedelt auch Bair in die sowjetische Besatzungszone. In Wien beginnt er noch mit dreißig Jahren jene Schulbildung nachzuholen, die ihm als Kind verwehrt geblieben war. Bevor er Tirol zum zweiten Mal verlässt, kappt er die letzten materiellen Bindungen – nach seinen drei Kühen verkauft Bair endgültig den gesamten Hof. „Ich hab’ 35.000 Schilling bekommen und Mehl, Fleisch, Speck. Das war damals mehr wert als Geld. Davon hab’ ich das Gymnasium besuchen können. Zweieinhalb Jahre kein Kino, kein Heuriger. Tag und Nacht gelernt. Hart war's."

Eine Lappalie bringt Bair 1949 auf seinem Weg ein letztes Mal gehörig ins Straucheln, löst eine Lawine aus, die ihn erneut mit medialer Aufmerksamkeit überschüttet. Unverhofft wird er zur Hauptfigur einer Spionageaffäre mit komödiantischen Zügen, einer Ansammlung von Fehleinschätzungen, die ihn als Helden endgültig entzaubert, ihn beinahe ins Gegenteil verkehrt. Hinter der literarischen Fassade ist offensichtlich auch der Held der „Drei Kühe" ein Mensch geblieben, mit ebenso außergewöhnlichen wie banalen Zügen.

Mit einem schlichten Einkauf in einer Geschäftsfiliale des USIA-Konzerns, der sowjetischen Verwaltungsgesellschaft in Österreich, beansprucht Bair ein Privileg (vermutlich aus unbekümmerter Gewohnheit), das ihm entgegen seiner Annahme nicht mehr zusteht. Für die Besatzungsbehörden ist er trotz seiner Parteimitgliedschaft nicht unantastbar; vielmehr setzen sie ihn aufgrund des Regelverstoßes unter Druck. Bereits bei den ersten, unbedeutenden Spionage- und Kurierdiensten, die er daraufhin für die sowjetischen Behörden zu erledigen hat, geht er in Salzburg dem US-Geheimdienst ins Netz. Hier erscheint er wiederum als großer Fisch, der sich im Laufe einer elfmonatigen Haft jedoch als unbedeutender Fang herausstellt. Die Angst der US-Behörden vor einer öffentlichen Blamage verhindert eine unmittelbare Freilassung. Erst durch eine Nachricht, die Bair aus geheimer Haft nach außen senden kann (er schmeißt adressierte Zettel aus dem Fenster), kommt sein Fall ans Tageslicht und weitet sich unweigerlich zur mittleren Affäre, die letztlich sogar den österreichischen Nationalrat befasst. Auch die „Drei Kühe“ werden in der kommunistischen Tagespresse nochmals veröffentlicht.

Bairs Richter bei der ersten Vorverhandlung, der österreichische Sozialist Joseph T. Simon, erinnert sich in seinen Memoiren an den Angeklagten als eine „an und für sich ehrliche Haut“. „[M]ehr als ein Jahr Strafe hätte er kaum bekommen.“ Zur Hauptverhandlung kommt es nach einer Enthaftung gegen Kaution jedoch nicht mehr. Da keine der Besatzungsmächte letztlich ein Interesse an einer Verurteilung hat (anhaltendes Medieninteresse hätte vielmehr auf allen Seiten Peinlichkeiten ans Licht gebracht), lassen die US-Behörden den Angeklagten nach Wien entkommen.

Bair selbst fühlt sich nach seinen beidseitigen Geheimdienstkontakten vermutlich in Österreich auf Dauer nicht mehr sicher. Bereits wenige Monate nach seiner Freilassung im April 1950 ermöglichen ihm seine Parteigenossen unter dem Namen Martin Jäger eine Übersiedlung in die DDR, wohin ihn seine zweite Lebensgefährtin begleitet.

In Österreich wird es in den 1950er- und 1960er-Jahren still um Max Bair und die ehemaligen Spanienkämpfer. Formalrechtlich hatte sie die Provisorische Bundesregierung bereits in den ersten Nachkriegsjahren als

Opfer des Nationalsozialismus anerkannt und ihnen Bevorzugung bei einer Rückgliederung ins Berufsleben sowie Anrecht auf Fürsorgerenten zugestanden. Viele, die gesellschaftliche Außenseiter geblieben waren, mussten jedoch mitunter behördliche Schikanen durchlaufen, um ihre Rechte de facto geltend zu machen. Parallel dazu fand die offizielle Geschichtsschreibung in einer Phase kollektiver Identitätsneubildung für den Spanischen Bürgerkrieg wenig Verwendung. Der „Geist der Lagerstraße", der von den führenden Parteien beschworen wurde, verband österreichische Opfer und Täter als Geschädigte großdeutscher Aggressionspolitik wieder miteinander. Das politische Bewusstsein der Zweiten Republik sollte international neutral, aber nicht zuletzt aus wirtschaftlichen Überlegungen heraus westlich orientiert und somit strikt antikommunistisch verfasst sein. Österreich gab sich Konturen einer eigenständigen (vor allem von Deutschland unabhängigen) Kulturnation, basierend auf zum Teil ultramontanen Regionaltraditionen, der ausgewählte Facetten aus der elitären Hochkultur habsburgischer Prägung beigefügt wurden.

In der DDR findet sich Max Bair in einem gänzlich anderen politischen Kontext wieder. Die Gedächtnispolitik der kommunistischen Staatsführung hatte bereits intensive Verwendung für die Geschichte der Internationalen Brigaden gefunden. Im Gegensatz zu Österreich konnte die DDR auf eigenem Territorium nur in bescheidenem Ausmaß auf weit zurückreichende Erinnerungen aufbauen. Speziell einen Widerstandskampf gegen die Nationalsozialisten (auf dem der antifaschistische Gründungsmythos in Abgrenzung zur Bundesrepublik letztlich beruhte) hatte es im Deutschen Reich nur in sehr eingeschränktem Maße gegeben – eine Lücke, die durch die Erinnerung an die Internationalen Brigaden in Ansätzen zu schließen war. Entsprechend entwickelte sich in politischen Führungskreisen bald ein umfassender „Interbrigadenkult“, der neben Gedenkveranstaltungen, Briefmarkenserien und Benennungen von Straßen, Plätzen und Gebäuden bis in sakrale Sphären vordringen konnte, als etwa Erich Honecker 1988 im Rahmen eines Staatsbesuchs in Spanien vor dem Gedenkstein des gefallenen deutschen Kommunisten Hans Beimler niederkniete.

Während ehemalige Anhänger der Spanischen Republik (die aus diversen politischen Lagern gekommen waren) in Westeuropa weitgehend vergessen wurden, forcierten in der DDR in erster Linie kommunistische Interbrigadisten die Konservierung der einschlägigen Geschichte. Entsprechende Gewichtsverschiebungen bis hin zu gänzlicher Vereinnahmung der spanischen Volksfrontkoalition waren dabei mangels einer öffentlichen Debatte zum Thema vorprogrammiert. Manche Bürgerkriegsveteranen, wie etwa Kischs Freund Alfred Kantorowicz, widersetzten sich diesem staatlich gelenkten Trend durch persönlichen Rückzug oder erneute Emigration. Nicht zuletzt in Ermangelung eines aufgeschlossenen Kulturbetriebs im Westen konnten sie dem

Interbrigadenkult der DDR jedoch keine durchschlagende Alternativdarstellung entgegensetzen.

Max Bair profitiert in der DDR von seinem Status als ehemaliger Spanienkämpfer. Ihm eröffnet sich nach seiner Übersiedlung ein Hochschulstudium an der Verwaltungsakademie im brandenburgischen Forst Zinna; ein gefestigtes familiäres Leben beginnt für Bair schließlich mit knapp vierzig Jahren Mitte der 1950er-Jahre in Ost-Berlin, wo er als Angestellter in der Staatlichen Plankommission (SPK) tätig wird – in jenem Organ des Staatsapparats, das dem Ministerrat der DDR direkt unterstellt und für die Erstellung der wirtschaftlichen Fünfjahrespläne verantwortlich ist.

Bair hält darüber hinaus wie viele ehemalige Interbrigadisten vor Ort Kontakt zu Veteranenverbänden. Die „Drei Kühe“ erscheinen ohne sein Zutun östlich des Eisernen Vorhangs bis in die späten 1980er-Jahre in regelmäßigen Abständen und erfahren weitere Übersetzungen ins Tschechische, Slowakische und Serbokroatische. Auch das literarische Erbe Kischs war mit der Teilung Europas in seiner Gesamtheit der östlichen Hemisphäre zugefallen, mit entsprechenden Konsequenzen, wie der Kisch-Biograf Markus Patka nach Ende des Kalten Krieges feststellt: „im Osten zu Tode gelobt, im Westen zu Tode geschwiegen“.

In Tirol werden die „Drei Kühe“ erst dreißig Jahre nach der missglückten Rückkehr von Max Bair und Ludwig Geir aus der historischen Versenkung gehoben, können sich im kollektiven Bewusstsein jedoch

Dr. Martin Jäger alias Max Bair (Zweiter von links) 1985 im Kreis ehemaliger Interbrigadisten in der DDR. V. l. n. r.: Heinz Priess, Max Bair, Willi Bürger, Franz und Elisabeth Blume, Karl Kormes.

Max Bair (stehend, Dritter von links) im Sommer 1937 mit damaligen Kampfgefährten.

Geteilte Erinnerung: Während der Spanische Bürgerkrieg in Westeuropa über Jahrzehnte vergessen blieb, entwickelte sich in der DDR bereits ab den 1950er-Jahren ein intensiver „Interbrigadenkult". Auch Max Bair eröffneten sich in Ost-Berlin Möglichkeiten des sozialen Aufstiegs. Das literarische Erbe Kischs war im Kalten Krieg der östlichen Hemisphäre zugefallen; in der Bundesrepublik Deutschland blieb der „rasende Reporter" bis in die späten 1970er-Jahre für viele ein Unbekannter.

Bild oben: Gedenkbriefmarken aus der DDR und der BRD für Egon Erwin Kisch anlässlich seines 100. Geburtstags im Jahr 1985.

nicht mehr festsetzen. Im Windschatten jener kulturpolitischen Aufbruchstimmung, die Ende der 1960er-Jahre die westliche Hemisphäre erfasste, beginnen Anfang der 1980er-Jahre auch in Tirol einige aufstrebende Jungakademiker damit, sich erstmals mit den Verfolgten der faschistischen Diktaturen vor Ort zu befassen. Vereinzelte Widerständler wie der Innsbrucker Edwin Tangl erinnern sich noch an Kischs Reportage (Tangl besitzt ein von Kisch mit persönlicher Widmung versehenes Exemplar), und so kommen die „Drei Kühe" 1980 in der ersten Nummer des alternativen „Gaismair-Kalenders" im kleinen Kreis nochmals ans Tageslicht.

Vom regionalen Wissenschafts- und Literaturbetrieb aufgenommen und verarbeitet wird Kischs Reportage jedoch nicht, obwohl speziell Südtiroler Autoren noch über Jahre ein Überwinden der Provinz im Stile Bairs mit Vehemenz thematisieren. Viele von ihnen stehen mit beginnender Aufarbeitung der lokalen NS-Vergangenheit jedoch vor der speziellen Frage, weshalb sich ihre Elterngeneration im Rahmen eines deutsch-italienischen Umsiedlungsabkommens 1939 zwar vom heimatlichen Boden, nicht aber von der geistigen Umklammerung des deutschnationalen Chauvinismus hatte lösen können. Vor dem Hintergrund dieses kollektiv empfundenen Traumas gereicht der Ausbruch bei den meisten Südtiroler Nachkriegsautoren – im Gegensatz zum damals 20-jährigen, ungeschulten Max Bair – nahezu symptomatisch nur zum Fluchtversuch.

Manchen gelingt die physische Emigration, doch bleiben sie in der Regel geistig verhaftet, um sich aus der Ferne unvermindert an ihrer Heimat abzuarbeiten – selten in derart verbindender Art und Weise, wie es der Journalist Claus Gatterer in den späten 1960er-Jahren vorexerziert hatte. Viele beschränken sich in ihren Erzählungen darauf, vordergründig ein Überwinden von zunehmend subjektiver werdenden Grenzen herauszufordern. Meist lassen sie ihre Hauptfiguren jedoch in Schwermut versanden, zum bedeutungslosen Spiel mit Grenzen abgleiten, lediglich Teilerfolge erzielen und dadurch (analog zu Schönherr und Kranewitter) in Summe die scheinbare Unmöglichkeit eines geistigen Ausbruchs zementieren. Das zwanghafte Scheitern an provinziellen wie persönlichen Grenzen hat nicht zuletzt der Schriftsteller Norbert C. Kaser – als kommunistischer Gegenpart zu Max Bair – vorgelebt, indem er 1978 mit 31 Jahren an der geistigen Enge seiner Heimat kläglich zugrunde ging.

Max Bair stirbt am 25. Juli 2000 83-jährig im wiedervereinigten Berlin. Die Grabrede hält sein ehemaliger Vorgesetzter Gerhard Schürer, ehemals Mitglied im Zentralkomitee der untergegangenen SED. Bair hatte zwanzig Jahre in der Plankommission gearbeitet, war dabei zum Abteilungsleiter des Rechenzentrums aufgestiegen und 1977 hochdekoriert in Frühpension gegangen. „Er lebte in zwei Welten“, berichten seine deutschen Kollegen von der Veteranenvereinigung, „für unsere Brigadisten und gleichzeitig für die österreichischen Genossen." Mitte der 1980er-Jahre hatte Bair damit begonnen, sich im Umfeld der KPÖ an der Aufarbeitung der österreichischen Widerstandsgeschichte zu beteiligen; ostdeutsche, später österreichische und Tiroler Journalisten hatten dabei auch seine persönliche Geschichte mehrfach wiederentdeckt und in Zeitungsreportagen vervollständigt.

Als pensionierter Akademiker erlebte Bair Anfang der 1990er-Jahre schließlich den Zusammenbruch der DDR. „Glaubst du denn immer noch an eine sozialistische Gesellschaftsordnung, Max?", wurde er vom Journalisten Günther Schwarberg alsbald gefragt. „In meinem Leben wird's nichts mehr, in der nächsten Generation wohl auch nicht. Aber es war doch nicht falsch, daß wir es versucht haben. Die nächste Generation und die übernächste werden aus unsren Fehlern lernen, wie wir aus den Fehlern der Französischen Revolution gelernt haben."

Nach Tirol kehrt Bair über vierzig Jahre nach Verkauf seines Hofes nur mehr als Besucher zurück. „Ob er in der DDR so richtig glücklich war, das weiß ich nicht", mutmaßt einer seiner Berliner Bekannten. Bair selbst zeigte sich nach einem bewegten Leben im Interview mit Waltraud Kreidl 1993 geografisch losgelöst: „Das ganze Leben war schön! Aber was mir besonders positiv in Erinnerung ist? Um mich waren immer gute Menschen."

Warum heute (und immer wieder) Kisch lesen?

Am Beginn des 21. Jahrhunderts sind die Grenzen zwischen regionalem und globalem Geistesleben unverkennbar verschwommener, als dies zur Zeit der provinziellen Jugendjahre Max Bairs und der Berliner Hochblüte Egon Erwin Kischs der Fall war. Gleichzeitig haben sich die Gewichte innerhalb des gesamteuropäischen Kulturlebens stark verschoben. Jene intensive Politisierung der Kunst, die Walter Benjamin in der Zwischenkriegszeit beobachtet hatte, ist zugunsten eines ästhetisierten Gesellschaftslebens nahezu gänzlich verschwunden, sämtliche Tabus sind bereits gebrochen, geistige Auseinandersetzungen nur mehr in Ausnahmefällen möglich oder gewollt – nicht immer aus Mangel an gutem Willen Einzelner. „Wer ein Theaterstück von Felix Mitterer besucht, beweist heute in Tirol, daß er Kultur hat", wusste ein Beobachter des gesellschaftlichen Lebens bereits Anfang der 1990er-Jahre zu berichten. „Er läßt sich zwei Stunden von der harten Wirklichkeit in Mitterers Dramen schocken, um danach umso ungenierter soziale Mißstände und Außenseiter übersehen zu können."

Auch Kisch bewegte sich stets in einem profitorientierten Massenbetrieb, doch agierte er stärker, selbstbewusster, um ein Vielfaches erfahrener. „Wenn er auf Reisen geht", schreibt mit Günter Wallraff einer von Kischs späten Verehrern, „erlebt er die Welt nicht mit Konsumentenaugen als durchreisender Tourist oder Reiseschriftsteller, sondern als tief betroffener Mitleidender und Mitkämpfender. Er scheut die Berührung mit dem ‚Schmutz der Epoche' nicht, sondern er sucht sie ständig (…) Er paßt sich nie den gestanzten Formen und Interessen der ihn veröffentlichenden Zeitungen und Zeitschriften an, sondern er sprengt diesen vorgegebenen Rahmen (…) Da, wo andere nicht ausbrechen können, bricht er ein."

1929 durchquert Kisch mit einem Dampfer den Panamakanal: „Die Matrosen und die Leichtmatrosen erzählen mir, der ich in der Mitte des Schlafraums schwebe, gleich Mohammeds Sarg in der Kaaba, mit Begeisterung von den Freibeutern und ihren Kaperschiffen. Ihre Begeisterung gilt den Piraten, nicht mir. Warum sollten sie für mich auch nur Sympathie empfinden? Ich bin der ungeschulteste Arbeiter, offenkundig ein Außenseiter, kenne die Personen und Lokale nicht, um die die Gespräche gehen (…) Und doch werde ich als einer der ihren angesehen, denn ich habe etwas mit ihnen gemeinsam: ich habe Jack London gelesen und liebe ihn, wie alle rings um mich."

Kisch erfüllt wie Jack London die Aufgabe des Erzählers stets in Perfektion; in ihm laufen die Fäden zusammen, entlang derer alle Beteiligten einer Geschichte zusammenfinden, um ineinander aufzugehen. Für Hermann Kesten erzählte Kisch „schier besser, als er schrieb, und er schrieb ausgezeichnet. Er erzählte wie ein Komödiant, der einen Schriftsteller spielt. Er war voller Kindereien und wollte die Welt retten, vermittels Marxismus und der Arbeiterklasse. Er zauberte für

Kinder und Erwachsene, mit den besten Tricks von Varietézauberern. Er hatte charmante und jähe Einfälle." Er war der „marxistische Wanderprediger im Gewand eines orientalischen Geschichtenerzählers, ein gerissener Parzival mit listigem Lächeln und melancholischen Augen."

Max von der Grün hat 1980 ein ebenso schlichtes wie zeitloses Urteil über Kisch gefällt: „Ihn nicht zu kennen bedeutet auch einen großen menschlichen Verlust." Es sind die menschlichen Verluste, die nicht zu ersetzen sind.

Joachim Gatterer

Nachweise (Archivmaterial, Literatur, Onlinelexika, Werkveröffentlichungen)

Wolfgang ASHOLT/Rüdiger REINECKE u. a. (Hrsg.): Der Spanische Bürgerkrieg in der DDR. Strategien intermedialer Erinnerungsbildung, Vervuert Verlag, Frankfurt a. M. 2009.

Associazione Italiana Combattenti Volontari Antifascisti di Spagna (AICVAS): La Spagna nel nostro cuore. 1936–1939. Tre anni di storia da non dimenticare (online), *http://www.aicvas.org/006-Memorie.htm* (30. April 2012).

Simone BARCK/Silvia SCHLENSTEDT u. a. (Hrsg.): Lexikon sozialistischer Literatur. Ihre Geschichte in Deutschland bis 1945, J. B. Metzler, Stuttgart/Weimar 1994.
Gerhard BAUER: Oskar Maria Graf. Ein rücksichtslos gelebtes Leben, Deutscher Taschenbuch Verlag, München 1987.
Bernhard H. BAYERLEIN: „Der Verräter, Stalin, bist du!" Vom Ende der linken Solidarität. Komintern und kommunistische Parteien im Zweiten Weltkrieg 1939–1941 (Archive des Kommunismus – Pfade des XX. Jahrhunderts, Bd. 4), Aufbau-Verlag, Berlin 2008.
Walter BENJAMIN: Das Kunstwerk im Zeitalter seiner technischen Reproduzierbarkeit. Drei Studien zur Kunstsoziologie, Suhrkamp, Frankfurt a. M. 2003.
Walter BENJAMIN: Ein Außenseiter macht sich bemerkbar, in: ders.: Gesammelte Schriften. Band 3/7, Suhrkamp, Frankfurt a. M. 1972, S. 219–225 (hrsg. von Hella TIEDEMANN-BARTELS).
Siglinde BOLBECHER/Konstantin KAISER: Lexikon der österreichischen Exilliteratur, Deuticke, Wien/München 2000.
Franz BORKENAU: Kampfplatz Spanien. Politische und soziale Konflikte im Spanischen Bürgerkrieg. Ein Augenzeugenbericht, Klett-Cotta, Stuttgart 1986.
Peter BRUGGER: Berthold Auerbach – Geschichte eines Bucherfolgs, in: Frankfurter Allgemeine Zeitung (Frankfurt a. M.), 22. Februar 2012, S. N4.

Luis COSTA/Richard CRITCHFIELD u. a. (Hrsg.): German and International Perspectives on the Spanish Civil War: The Aesthetics of Partisanship, Camden House, Columbia 1992.

Andy CROFT: Comrade heart. A life of Randall Swingler, Manchester University Press, Manchester/New York 2003.

Heinz DEGLE: Erlebte Geschichte. Südtiroler Zeitzeugen erzählen … 1918–1945, Athesia, Bozen 2009.

Andrea DI MICHELE/Marina MIQUEL u. a. (Hrsg.): Legionari. Un sudtirolese alla guerra di Spagna/Ein Südtiroler im Spanischen Bürgerkrieg (1936–1939), Nicolodi, Trento 2007.

Dokumentationsarchiv des Österreichischen Widerstands (DÖW), ÖsterreicherInnen für Spaniens Freiheit 1936–1939 (online): Bair Max; Geir Ludwig; Tangl Edwin; Winkler Johann; Zlatinger Stefan, *http://www.doew.at/frames.php?/service/spanien/index.html* (30. April 2012).

Dokumentationsarchiv des Österreichischen Widerstands (DÖW) (Hrsg.): Widerstand und Verfolgung in Tirol 1934–1945. Eine Dokumentation. Band 1/2, Österreichischer Bundesverlag, Wien 1984.

Dokumentationsarchiv des Österreichischen Widerstands (DÖW), Spanienarchiv,

- Sammlung dt. Spanienkämpfer, Personendossier Heinz Priess.
- Sammlung öst. Spanienkämpfer, Personendossier Max Bair.

– Sammlung öst. Spanienkämpfer, Personendossier Ludwig Geir.
– Sammlung öst. Spanienkämpfer, Personendossier Johann Winkler.
– Sammlung öst. Spanienkämpfer, Personendossier Stefan Zlatinger.

Astrid ERLL: Augenzeugenschaft und kulturelle Paradigmen: Zugänge zur Spanienkriegsliteratur, in: Bettina BANNASCH/Christiane HOLM (Hrsg.): Erinnern und Erzählen. Der Spanische Bürgerkrieg in der deutschen und spanischen Literatur und in den Bildmedien, Gunter Narr Verlag, Tübingen 2005, S. 59–76.

Brigitte FOPPA: Vom „Reich im Herzen“ bis zum „Boden unter den Füßen“. Zur Option in der Südtiroler Literatur, in: Günther PALLAVER/Leopold STEURER (Hrsg.): Deutsche! Hitler verkauft Euch! Das Erbe von Option und Weltkrieg in Südtirol, Edition Raetia, Bozen 2011, S. 339–364.

Michael FORCHER: Michael Gaismair. Um Freiheit und Gerechtigkeit. Leben und Programm des Tiroler Bauernführers und Sozialrevolutionärs 1492–1532, Haymon-Verlag, Innsbruck 1982.

John FORD (Regie): The Grapes of Wrath, Twentieth Century Fox, Hollywood 1940 (nach dem gleichnamigen Roman von John STEINBECK).

Forschungsinstitut Brenner-Archiv an der Universität Innsbruck, Lexikon Literatur in Tirol (online): Helmer Franz Alfons; Kranewitter Franz; Schönherr Karl; Untermüller Hans, *http://orawww.uibk.ac.*

at/apex/uprod/f?p=20090202:1:1196398857381566 (30. April 2012).

Renzo FRANCESCOTTI: Sotto il sole di Spagna. Antifascisti trentini nelle brigate internazionali, editrice innocenti, Calliano/Trento 1977.

Bruno FREI: Zweimal Kisch, in: Heinz Ludwig ARNOLD (Hrsg.): Text + Kritik. Zeitschrift für Literatur. Egon Erwin Kisch, 67/1980, S. 10–15.

Peter GOLLER/Gerhard OBERKOFLER: Emmerich Übleis (1912–1942). Kommunistischer Student an der Universität Innsbruck, Antifaschist, Spanienkämpfer, Sowjetpartisan. Universitätsarchiv Innsbruck, Innsbruck 2000.

Oskar Maria GRAF: Er nannte sich Banscho. Der Roman einer Gegend. Werkausgabe. Band 9/13, List Verlag, München/Leipzig 1994 (hrsg. von Wilfried F. SCHOELLER).

Helen GRAHAM: Der Spanische Bürgerkrieg (Reclams Univeral-Bibliothek Nr. 17055), Reclam, Stuttgart 2008.

Babette GROSS: Willi Münzenberg. Eine politische Biographie, Deutsche Verlagsanstalt, Stuttgart 1967.

Sabine GRUBER: Durchbrochene Grenzlinien, in: Johann HOLZNER/Eberhard SAUERMANN (Hrsg.): Mitteilungen aus dem Brenner-Archiv 29/2010, innsbruck university press, Innsbruck 2010, S. 47–62.

Elizabeth GUERRA/Janet FARRAR: Stewart Farrar. Writer On A Broomstick. The Biography Of Stewart Farrar, R. J. Stewart Books, Arcata 2008.

Andreas GUSKI: Sozialistischer Realismus (1934–1953), in: Klaus STÄDTKE (Hrsg.): Russische Literaturgeschichte, J. B. Metzler, Stuttgart/Weimar 2011, S. 321–348.

Hannes HAAS: Max Winter. Expeditionen ins dunkelste Wien. Meisterwerke der Sozialreportage. Picus Verlag, Wien 2006.

Wolfgang HAMDORF/Clara LÓPEZ RUBIO (Hrsg.): Fliegerträume und spanische Erde. Der Spanische Bürgerkrieg im Film, Schüren Verlag, Marburg 2010.

Christian HERBST: Dreizehnlinden. Die Siedler des Ministers, unveröffentlichte Diplomarbeit, Innsbruck 2009.

Barbara HOISS/Kerstin MAYR: „Zucker gibt es nur für Studierte jeden Tag." Die Thematisierung sozialer Grenzen in der Tiroler Literatur, in: Sieglinde KLETTENHAMMER (Hrsg.): Kulturraum Tirol. Literatur – Sprache – Medien. Jubiläumsband „150 Jahre Germanistik in Innsbruck" (Innsbrucker Beiträge zur Kulturwissenschaft. Germanistische Reihe, Bd. 75), innsbruck university press, Innsbruck 2009, S. 211–224.

Johann HOLZNER: Franz Kranewitter (1860–1938). Provinzliteratur zwischen Kulturkampf und Nationalsozialismus, Haymon-Verlag, Innsbruck 1985.

Johann HOLZNER: Literatur in Tirol (von 1900 bis zur Gegenwart), in: Anton PELINKA/Andreas MAISLINGER (Hrsg.): Handbuch zur neueren Geschichte Tirols. Band 2/2. 2. Teil: Wirtschaft und Kultur,

Universitätsverlag Wagner, Innsbruck 1993, S. 209–270.
Heinz HÜRTEN: Die Welt der Zwischenkriegszeit, in: Reinhard ELZE/Konrad REPGEN (Hrsg.): Studienbuch Geschichte. Eine europäische Weltgeschichte. Band 2/2. Frühe Neuzeit, 19. und 20. Jahrhundert, Klett-Cotta, Stuttgart 2003, S. 509–530.
Angela HUSS-MICHEL: Die Moskauer Zeitschriften „Internationale Literatur“ und „Das Wort“ während der Exil-Volksfront (1936–1939). Eine vergleichende Analyse (Europäische Hochschulschriften, Deutsche Sprache und Literatur, Band 974), Verlag Peter Lang, Frankfurt/Bern/New York u. a. 1987.
Heinz ICKSTADT: Die Amerikanische Moderne, in: Hubert ZAPF (Hrsg.): Amerikanische Literaturgeschichte, J. B. Metzler, Stuttgart 2004, S. 218–282.
Jutta JACOBI: Journalisten im literarischen Text. Studien zum Werk von Karl Kraus, Egon Erwin Kisch und Franz Werfel (Europäische Hochschulschriften, Deutsche Sprache und Literatur, Bd. 1117), Verlag Peter Lang, Frankfurt/Bern/New York u. a. 1989.
Egon Erwin KISCH (Hrsg.): Klassischer Journalismus. Die Meisterwerke der Zeitung, Rogner & Bernhard, München 1974 (mit einem Nachwort von Christian SIEGEL).
Egon Erwin KISCH: Briefe an Jarmila, Das Neue Berlin, Berlin 1998 (hrsg. von Klaus HAUPT).
Egon Erwin KISCH: Das tätowierte Portrait. Reportagen

aus fünf Kontinenten, Reclam, Leipzig 1984 (mit einem Nachwort von Joachim SCHRECK).

Egon Erwin KISCH: Erstes Gespräch mit Upton Sinclair, in: ders.: Paradies Amerika. Gesammelte Werke in Einzelausgaben. Band 4/10, Aufbau-Verlag, [Ost-]Berlin/Weimar 1978, S. 55–60 (hrsg. von Gisela KISCH und Bodo UHSE).

Egon Erwin KISCH: Getreidebörse, in: ders.: Paradies Amerika. Gesammelte Werke in Einzelausgaben. Band 4/10, Aufbau-Verlag, [Ost-]Berlin/Weimar 1978, S. 249–256 (hrsg. von Gisela KISCH und Bodo UHSE).

Egon Erwin KISCH: Harlem – Fegefeuer der Neger, in: ders.: Paradies Amerika. Gesammelte Werke in Einzelausgaben. Band 4/10, Aufbau-Verlag, [Ost-]Berlin/Weimar 1978, S. 49–54 (hrsg. von Gisela KISCH und Bodo UHSE).

Egon Erwin KISCH: Karl Kraus (Manuskript aus dem Nachlaß), in: Josef Poláček (Hrsg.): Briefe an den Bruder Paul und an die Mutter 1905–1936, Aufbau-Verlag, [Ost-]Berlin/Weimar 1978, S. 340–343.

Egon Erwin KISCH: Vorträge und Theater, in: ders.: Marktplatz der Sensationen. Gesammelte Werke in Einzelausgaben. Band 7/10, Aufbau-Verlag, [Ost-]Berlin/Weimar 1979, S. 75–79 (hrsg. von Gisela KISCH und Bodo UHSE).

Sieglinde KLETTENHAMMER: Fronten in der Literatur des 20. Jahrhunderts: „Identität als Thema der deutschsprachigen Erzählprosa aus Südtirol“, in: Johann HOLZNER/Elisabeth WALDE (Hrsg.): Brüche und Brücken. Kulturtransfer im Alpenraum von der Steinzeit bis zur Gegenwart. Aufsätze, Essays, Folio-Verlag, Wien/Bozen 2005, S. 298–327.

Gerhard KOFLER: Südtiroler Literatur – Möglichkeiten und Probleme, in: Johann HOLZNER (Hrsg.): Literatur in Südtirol (Schriftenreihe Literatur des Instituts für Österreichkunde, Bd. 2), StudienVerlag, Innsbruck/Wien 1997, S. 96–98.

Dieter LAMPING (Hrsg.): Handbuch der literarischen Gattungen, Alfred Kröner Verlag, Stuttgart 2009.

Rosa LUXEMBURG: Karl Marx (März 1913), in: dies.: Gesammelte Werke. Bd. 3/5, Dietz-Verlag, Berlin 1990, S. 178–184 (redigiert von Günter RADCZUN).

Waltraud MITTICH: Du bist immer auch das Gerede über dich. Annäherung an einen Widerständler, Edition Raetia, Bozen 2012.

Manfred MUGRAUER: Die Politik der KPÖ in der Provisorischen Regierung Renner, StudienVerlag, Innsbruck/Wien/Bozen 2006.

Manfred MUGRAUER: „Ersprießliche Zusammenarbeit". Die Neuauflage von Egon Erwin Kischs Reportagesammlungen in der unmittelbaren Nachkriegszeit ist vor allem seinem Zusammenwirken mit dem Globus-Verlag der KPÖ zu verdanken, in: Unitat. Rote StudentInnenzeitung (Wien), 03/2003, S. 8.

Markus G. PATKA (Hrsg.): Der rasende Reporter Egon Erwin Kisch. Eine Biographie in Bildern, Aufbau-Verlag, Berlin 1998.

Markus G. PATKA: Egon Erwin Kisch. Stationen im Leben eines streitbaren Autors (Literatur in der Geschichte/Geschichte in der Literatur, Bd. 41), Böhlau Verlag, Wien/Köln/Weimar 1997.

Hugo PORTISCH: Von Kisch lernen, in: profil. Österreichisches Nachrichtenmagazin (Wien), 9. April 1985, o. S. [aus dem Bestand des Innsbrucker Zeitungsarchivs].

Rage Against The Machine (Bandformation): The Ghost of Tom Joad, Epic Associated Records, New York 1997 (nach einer ursprünglichen Komposition von Bruce SPRINGSTEEN).

Oliver RATHKOLB: Die paradoxe Republik. Österreich 1945 bis 2005, Zsolnay, Wien 2005.

Sigurd Paul SCHEICHL: „Tiroler Adler, hüt' dein Nest." Facetten des Jahres 1809 in der Literatur, in: Brigitte MAZHOL/Bernhard MERTELSEDER (Hrsg.): Abschied vom Freiheitskampf? Tirol und ‚1809' zwischen politischer Realität und Verklärung (Schlern-Schriften 346), Universitätsverlag Wagner, Innsbruck 2009, S. 271–294.

Dieter SCHLENSTEDT: Egon Erwin Kisch. Leben und Werk, deb – das europäische buch, Westberlin 1985.

Erhard SCHÜTZ: Moral aus der Geschichte. Zur Wahrheit des Egon Erwin Kisch, in: Heinz Ludwig ARNOLD (Hrsg.): Text + Kritik. Zeitschrift für Literatur. Egon Erwin Kisch, 67/1980, S. 38–47.

Gerhard SEIDEL (Bearb.): Das Wort. Moskau 1936–

1939. Bibliographie einer Zeitschrift, Aufbau-Verlag, [Ost-]Berlin/Weimar 1975.
Christian SIEGEL: Reporter: Schriftsteller der Wahrheit. Egon Erwin Kischs Begründung des Fakten-Genres, in: Heinz Ludwig ARNOLD (Hrsg.): Text + Kritik. Zeitschrift für Literatur. Egon Erwin Kisch, 67/1980, S. 16–23.
Joseph T. SIMON: Augenzeuge. Erinnerungen eines österreichischen Sozialisten. Eine sehr persönliche Zeitgeschichte, Verlag der Wiener Volksbuchhandlung, Wien 1979.
Beatrice SIMONSEN: Sprachraum. Grenzraum Südtirol, in: dies. (Hrsg.): Grenzräume. Eine literarische Landkarte Südtirols, Edition Raetia, Bozen 2005, S. 209–221.
Birgit SONDERGELD: Spanische Erinnerungskultur. Die Assmann'sche Theorie des kulturellen Gedächtnisses und der Bürgerkrieg 1936–1939, VS Research, Wiesbaden 2010.
John STEINBECK: Früchte des Zorns (Sammlung Nobelpreis für Literatur, Bd. 57), Coron-Verlag, Zürich 1962.
Friedrich STEPANEK: „Ich bekämpfte jeden Faschismus." Lebenswege Tiroler Spanienkämpfer (Studien zu Geschichte und Politik, Bd. 13), Studien-Verlag, Innsbruck/Wien/Bozen 2010.
Inge STEPHAN: Literatur in der Weimarer Republik, in: Wolfgang BEUTIN/Klaus EHLERT u. a. (Hrsg.): Deutsche Literaturgeschichte. Von den Anfängen bis zur

Gegenwart, J. B. Metzler, Stuttgart/Weimar 2008, S. 387–432.

Gerald STIEG: Karl Kraus und „Der Brenner", in: Forschungsinstitut Brenner-Archiv (Hrsg.): Zeitmesser. 100 Jahre „Brenner", innsbruck university press, Innsbruck 2010, S. 143–158.

Ilija TROJANOW: Die abgerissene Kokarde des meuternden Soldaten. Meine Suche nach Egon Erwin Kisch, dem Liebhaber der Äquatortaufen und unsanften Landungen. Eine imaginäre Reportage, in: Süddeutsche Zeitung (München), 3. März 2008, S. 14.

Michael UHL: Mythos Spanien. Das Erbe der Internationalen Brigaden in der DDR, J. H. W. Dietz, Bonn 2004.

Anton UNTERKIRCHER: Tiroler Literatur 1980–1990. Versuch eines ersten Überblicks, in: Walter METHLAGL/Eberhard SAUERMANN (Hrsg.): Mitteilungen aus dem Brenner-Archiv 9/1990, Brenner-Forum, Innsbruck 1990, S. 81–87.

Sandra UNTERWEGER/Roger VORDEREGGER u. a. (Hrsg.): Bonjour Autriche. Literatur und Kunst in Tirol und Vorarlberg 1945–1955, StudienVerlag, Innsbruck/Wien/Bozen 2010.

Max VON DER GRÜN: Die Entdeckung eines Autors, in: Heinz Ludwig ARNOLD (Hrsg.): Text + Kritik. Zeitschrift für Literatur. Egon Erwin Kisch, 67/1980, S. 1–5.

Johann Georg WALDNER: Bauern, Soldaten, Grenzlandbewohner. Zu den Südtirol-Romanen 1920–1945, unveröffentlichte Dissertation, Wien 1984.

Günter WALLRAFF: Kisch und Ich heute, in: Die Zeit (Hamburg), 11. November 1977, o. S. [aus dem Bestand des Innsbrucker Zeitungsarchivs].

Wolfgang WEBER: Eine Elite. Zwei Länder. Drei Zäsuren: Tirol und Vorarlberg an den Zeitenwenden 1918/19, 1933/34, 1938/39, in: Wolfgang WEBER/Walter SCHUSTER (Hrsg.): Biographien und Zäsuren. Österreich und seine Länder 1918 – 1933 – 1938, Archiv der Stadt Linz, Linz 2011, S. 149–182.

Volker WEIDERMANN: Das Buch der verbrannten Bücher, Kiepenheuer & Witsch, Köln 2008.

Anhang

1. Dokumente

1.1 Amtliches Schreiben vom 30. Juni 1937 mit beiliegendem Zeitungsausschnitt

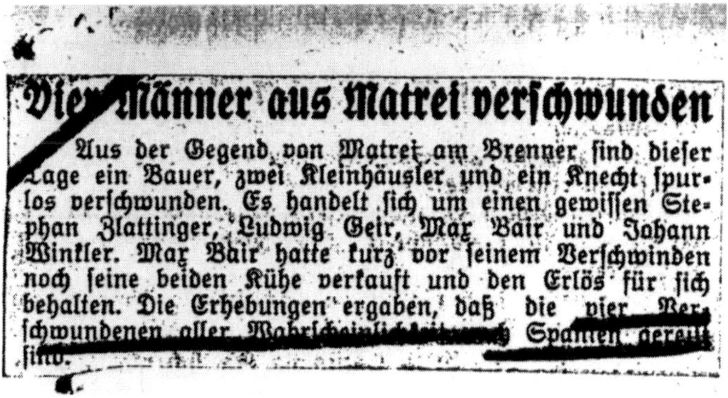

Vier Männer aus Matrei verschwunden

Aus der Gegend von Matrei am Brenner sind dieser Tage ein Bauer, zwei Kleinhäusler und ein Knecht spurlos verschwunden. Es handelt sich um einen gewissen Stephan Zlattinger, Ludwig Geir, Max Bair und Johann Winkler. Max Bair hatte kurz vor seinem Verschwinden noch seine beiden Kühe verkauft und den Erlös für sich behalten. Die Erhebungen ergaben, daß die vier Verschwundenen aller Wahrscheinlichkeit nach Spanien gereist sind.

[Linzer Volksblatt vom 14. Juni 1937]

Vier Männer aus Matrei verschwunden

Aus der Gegend von Matrei am Brenner sind dieser Tage ein Bauer, zwei Kleinhäusler und ein Knecht spurlos verschwunden. Es handelt sich um einen gewissen Stephan Zlattinger, Ludwig Geir, Max Bair und Johann Winkler. Max Bair hatte kurz vor seinem Verschwinden noch seine beiden Kühe verkauft und den Erlös für sich behalten. Die Erhebungen ergaben, daß die vier Verschwundenen aller Wahrscheinlichkeit nach Spanien gereist sind.

341.484-37

Der Sicherheitsdirektor
für das Bundesland Tirol

Innsbruck, am 30.6.1937.

Zl. 924/8 SD

Zlattinger Stefan und
andere aus Matrei am Brenner;
angebliche Ausreise nach Spanien.

zu G.D. 339.138-St.B. v.23.6.

An das

Bundeskanzleramt

(Generaldirektion f.d.öff.Sicherheit) Staatspolizeil.Büro,

Wien.

Dem Artikel des "Linzer Volksblattes" vom 14. ds.Mts. liegt folgender Tatbestand zu Grunde, den der Gendarmerieposten Matrei a.Br. am 4. Juni 1937 meldete:

Am 2. Juni 1937 entfernte sich der als Kommunist bekannte Hilfsarbeiter Stefan Zlattinger aus seiner Wohnung in Mühlbachl Nr. 13 und fuhr in Werktagskleidern und unter Mitnahme seines abgelaufenen Reisepasses am genannten Tage um 15.29 Uhr von Matrei nach Innsbruck. In seiner Begleitung befand sich sein Freund und Gesinnungsgenosse Johann Winkler, wohnhaft zu Buig, Gemeinde Steinach. Beide hatten sich in letzter Zeit öfters geäussert, dass sie die Absicht hätten, nach Frankreich auszuwandern oder zur Fremdenlegion sich anwerben zu lassen.

Am 3.6.1937 nachm. folgte ihnen der Besitzer Max Bair, wohnhaft zu Buig, Gemeinde Steinach, der gleichfalls seinen Reisepass mitnahm.

Es besteht der Verdacht, dass die Genannten beabsichtigen, sich nach Spanien zu begeben, um dort am Bürgerkriege teilzunehmen. Es wurde deshalb am 3.6.1937 um 22 Uhr an das Landes-

Geschäftszeichen 20/1

Grundzahl 339.138

gendarmeriekommando (Inspektion) die bezügliche telephonische Meldung erstattet, um die Ausreisestellen funkentelegraphisch verständigen zu können.

Die bezüglichen Erhebungen ergaben, dass Stefan Zlattinger schon einige Tage vor seiner Abreise mehrmals in Innsbruck war, angeblich, um sich dort Arbeit zu suchen. Am 3.6.1937 langte an seine Frau Luise Zlattinger ein Expressbrief ein, worin er ihr mitteilte, dass er sich in seine Heimat begebe, wo er Arbeit zu erlangen hoffe. Er werde am Sonntag wieder zu Hause eintreffen. Gleichzeitig übersendete er ihr die Arbeitslosenmeldekarte und eine Bestätigung über die am gleichen Tage erfolgte Abmeldung der Arbeitslosenunterstützung beim Arbeitsamte in Innsbruck. In dem Schreiben erwähnte Zlattinger noch, dass er sehr billig reise.

Johann Winkler reiste unter Mitnahme seiner gesamten Effekten ab, nachdem er vorher an einen gewissen Usil zu Buig, Gemeinde Steinach, sein Fahrrad um 5o S verkauft hatte.

Max Bair ist mit seiner 18 jährigen Schwester Besitzer eines Anwesens zu Buig-Steinach. Er verkaufte am 3.6.1936 beim Viehmarkt in Steinach 2 Kühe und 2 Schweine um den Betrag von 6oo S. Er kaufte sich dort einen neuen braunen Anzug mit Knickerbockerhose, braune Haferlschuhe, eine braune Sportkappe und einen Rucksack. Von Steinach fuhr er nachmittags nach Innsbruck. Der in Matrei Nr. 59 wohnhaften Adelheid Egg gegenüber äusserte er sich angeblich, er werde etwas tun, wovon die Leute einige Zeit etwas zu reden haben werden.

Stefan Zlattinger ist am 17.12.19o2 in Seeboden, Bezirk Spittal, in Kärnten geboren, dahin zuständig, verheiratet, Hilfsarbeiter und in Mühlbachl Nr. 13 wohnhaft.

Johann Winkler ist am 1o.6.19o8 oder 19o9 geboren,

nach Linz zuständig, ledig, Hilfsarbeiter und in Buig Nr. 47, Gemeinde Steinach, wohnhaft gewesen.

Max Bair ist am 28.4.1917 in Steinach geboren und dahin zuständig, ledig, Besitzer zu Buig Nr. 47, Gemeinde Steinach.

Auch der Hilfsarbeiter Ludwig G e i e r , am 25.8. 1907 in Matrei a.Br. geboren, nach Mühlbachl, Bez. Innsbruck, Tirol, zuständig, ledig, in Mühlbachl, Statz Nr. 2, wohnhaft gewesen, hat sich ebenfalls mit den drei im Berichte genannten Marxisten am 2. Juni 1937 von Mühlbachl entfernt. Geier ist seiner Gesinnung nach Sozialist.

Nach Angabe seiner Mutter Marie Geier in Statz-Mühlbachl Nr.2 habe sich ihr Sohn geäussert, dass er in die Schweiz fahre, um dort Arbeit zu suchen. Er werde erst dann schreiben, wenn er Arbeit gefunden habe. Geier habe keinen grösseren Geldbetrag bei sich und war bei seiner Abreise mit defektem Arbeitsanzug bekleidet.

Geier ist im Besitze eines gültigen Reisepasses.

Die Obgenannten haben bei der Bezirkshauptmannschaft Innsbruck neue Pässe, ohne Deutschland-Klauseleintragung, erhalten und zwar Zlattinger und Winkler und Geier am 31.5.1937, Max Bair am 29.5.1937.

Nach den bisherigen Berichten liegt lediglich eine vage Vermutung vor, dass die Obgenannten nach Spanien wollen. Sie können ebensogut in die frz. Fremdenlegion eintreten, oder auf Arbeitssuche ins Ausland gegangen sein.

Der Sicherheitsdirektor:

i.V. [signature]

Bundeskanzleramt
Gen. Dion f. d. öff. Sicherheit
Eingel. 5. JULI 1937 Nr. 341484
Blg. —

339 ...

Der Sicherheitsdirektor Innsbruck, am 30.6.1937.
für das Bundesland Tirol

Zl. 924/8 SD
Zlattinger Stefan und
andere aus Matrei am Brenner;
angebliche Ausreise nach Spanien.

zu G.D. 339.138-St.B. v.23.6

An das

Bundeskanzleramt

(Generaldirektion f.d.öff.Sicherheit) Staatspolizeil.Büro,
Wien.

Dem Artikel des „Linzer Volksblattes" vom 14. ds.Mts. liegt folgender Tatbestand zu Grunde, den der Gendarmerieposten Matrei a.Br. am 4. Juni 1937 meldete:

Am 2. Juni 1937 entfernte sich der als Kommunist bekannte Hilfsarbeiter Stefan Zlattinger aus seiner Wohnung in Mühlbachl Nr. 13 und fuhr in Werktagskleidern und unter Mitnahme seines abgelaufenen Reisepasses am genannten Tage um 15.29 Uhr von Matrei nach Innsbruck. In seiner Begleitung befand sich sein Freund und Gesinnungsgenosse Johann Winkler, wohnhaft zu Buig, Gemeinde Steinach. Beide hatten sich in letzter Zeit öfters geäussert, dass sie die Absicht hätten, nach Frankreich auszuwandern oder zur Fremdenlegion sich anwerben zu lassen.

Am 3.6.1937 nachm. folgte ihnen der Besitzer Max Bair, wohnhaft zu Buig, Gemeinde Steinach, der gleichfalls seinen Reisepass mitnahm.

Es besteht der Verdacht, dass die Genannten beabsichtigen, sich nach Spanien zu begeben, um dort am Bürgerkriege teilzunehmen. Es wurde deshalb am 3.6.1937 um 22 Uhr an das Landesgendarmeriekommando (Inspektion) die bezügliche telephonische Meldung erstattet, um die Ausreisestellen funkentelegraphisch verständigen zu können.

Die bezüglichen Erhebungen ergaben, dass Stefan Zlattinger schon einige Tage vor seiner Abreise mehrmals in Innsbruck war, angeblich, um sich dort Arbeit zu suchen. Am 3.6.1937 langte an seine Frau Luise Zlattinger ein Expressbrief ein, worin er ihr mitteilte, dass er sich in seine Heimat begebe, wo er Arbeit zu erlangen hoffe. Er werde am Sonntag wieder zu Hause eintreffen. Gleichzeitig übersendete er ihr die Arbeitslosenmeldekarte und eine Bestätigung über die am gleichen Tage erfolgte Abmeldung der Arbeitslosenunterstützung beim Arbeitsamte in Innsbruck. In dem Schreiben erwähnte Zlattinger noch, dass er sehr billig reise.

Johann Winkler reiste unter Mitnahme seiner gesamten Effekten ab, nachdem er vorher an einen gewissen Usil zu Buig, Gemeinde Steinach, sein Fahrrad um 50 S verkauft hatte.

Max Bair ist mit seiner 18 jährigen Schwester Besitzer eines Anwesens zu Buig-Steinach. Er verkaufte am 3.6.1936 [1937] beim Viehmarkt in Steinach 2 Kühe und 2 Schweine um den Betrag von 600 S. Er kaufte sich dort einen neuen braunen Anzug mit Knickerbockerhose, braune Haferlschuhe, eine braune Sportkappe und einen Rucksack. Von Steinach fuhr er nachmittags nach Innsbruck. Der in Matrei Nr. 59 wohnhaften Adelheid Egg gegenüber äusserte er sich angeblich, er werde etwas tun, wovon die Leute einige Zeit etwas zu reden haben werden.

Stefan Zlattinger ist am 17.12.1902 in Seeboden, Bezirk Spittal, in Kärnten geboren, dahin zuständig, verheiratet, Hilfsarbeiter und in Mühlbachl Nr. 13 wohnhaft.

Johann Winkler ist am 10.6.1908 oder 1909 geboren, nach Linz zuständig, ledig, Hilfsarbeiter und in Buig Nr. 47, Gemeinde Steinach, wohnhaft gewesen.

Max Bair ist am 28.4.1917 in Steinach geboren und dahin zuständig, ledig, Besitzer zu Buig Nr. 47, Gemeinde Steinach.

Auch der Hilfsarbeiter Ludwig Geier, am 25.8.1907 in Matrei a.Br. geboren, nach Mühlbachl, Bez. Innsbruck, Tirol, zuständig, ledig, in Mühlbachl, Statz Nr. 2, wohnhaft gewesen, hat sich ebenfalls mit den drei im Berichte genannten Marxisten am 2. Juni 1937 von Mühlbachl entfernt. Geier ist seiner Gesinnung nach Sozialist.

Nach Angabe seiner Mutter Marie Geier in Statz-Mühlbachl Nr. 2 habe sich ihr Sohn geäussert, dass er in die Schweiz fahre, um dort Arbeit zu suchen. Er werde erst dann schreiben, wenn er Arbeit gefunden habe. Geier habe keinen grösseren Geldbetrag bei sich und war bei seiner Abreise mit defektem Arbeitsanzug bekleidet.

Geier ist im Besitze eines gültigen Reisepasses.

Die Obgenannten haben bei der Bezirkshauptmannschaft Innsbruck neue Pässe, ohne Deutschland-Klauseleintragung, erhalten und zwar Zlattinger und Winkler und Geier am 31.5.1937, Max Bair am 29.5.1937.

Nach den bisherigen Berichten liegt lediglich eine vage Vermutung vor, dass die Obgenannten nach Spanien wollen. Sie können ebensogut in die frz. Fremdenlegion eintreten, oder auf Arbeitssuche ins Ausland gegangen sein.

Der Sicherheitsdirektor:
i.V.

[unleserliche Unterschrift]

1.2 Frontcover der Originalausgabe, Amalien-Verlag 1938

1.3 Veranstaltungsbesprechung aus der Pariser Tageszeitung vom 4. Mai 1938, S. 3

AGESZEITUNG 3

jswerk
Daladier

che Massnahmen zur

duktionsenquête und des Marchandeauschen Programms bekannten Vorschläge.

Auf sozialem Gebiete werden jetzt die zu einer

elastischeren Handhabung der Arbeitszeit-Bestimmungen

erforderlichen Vorschriften gegeben, begleitet von einem Ausbau der sozialrechtlichen Schutzbestimmungen auf dem Gebiete der Kollektivverträge und der Beschäftigung ausländischer Arbeiter. Mehrarbeit gegen bessere Sicherung des Arbeitsplatzes, das ist der Leitgedanke dieses Teiles.

Der Reform der Arbeitszeitbestimmungen als Voraussetzung der wünschenswerten Produktionserhöhung fügen sich alsdann steuerliche Massnahmen, und zwar in Form von

Steuervergünstigungen und steuerlichen Entlastungen

an. Steuervergünstigungen greifen in Zukunft für Kapitalinvestitionen Platz, und zwar in Form der Erhöhung der zugelassenen Abschreibungsquote. Steuerentlastungen sind wiederum in der Form der Befreiung der Mehrproduktion von der Produktionstaxe und ebenso des Mehrexportes vorgesehen. Schliesslich hat die Regierung auch eine recht interessante Massnahme dekretiert, nämlich die Nichterhebung der Lohn- und Gehaltssteuer auf die für geleistete Mehrarbeit entfallenden Beträge. Hierin liegt ohne Frage

Die drei Kühe

EGON ERWIN KISCH IM SDS

Kisch, zurück aus Spanien, wo er viele Monate lang und, wie sich das für ihn versteht, möglichst weit vorn war, las vor begeisterter Gemeinde (die schon beinahe seine Familie ist) seine neuste (soeben auch gedruckt erschienene) Geschichte „Die drei Kühe". Sie handelt —

Ganz anders ist der Bauer, ach
als wie bei Berthold Auerbach —

von einem armen Bauern aus Tirol, der, teils, weil die Wirtschaft zum Teufel geht, zum andern, weil er hört, dass es dort unten Nützlicheres zu tun gibt, eines Tages seine drei Kühe verkauft und mit zwei Kameraden über Paris nach Spanien in den Krieg fährt.

Es ist eine sehr schlichte und nüchterne Geschichte, ganz unsentimental, so wie es die wirklichen Bauern sind. Aber, sie wäre kein echter Kisch, schlüge in ihr nicht ruhigen und festen Taktes das Herz des Volkes. Wie sachlich und unproblematisch da auch etwas Alltägliches berichtet, man möchte beinahe sagen: protokolliert wird, so tönt doch aus jeder Zeile dieser fünfzig Seiten das heroische Epos der Freiheit, von der die Schriftsteller heute nicht nur träumen, um die sie kämpfen.

Von Schriftstellern solcher Art sprach Kisch im zweiten Teil des Abends, von seinen spanischen Gefährten, von Renn, Regler, Uhse, Marchwitza, Köstler, Weinert, Bredel, Busch. Auch diese Chronik verschmähte jegliches Pathos: sie haben nützliche Arbeit getan und sind gelegentlich dem Tode begegnet. Im übrigen aber waren sie heiter und sehr akklimatisiert. Renn, zum Beispiel, trug, der Glutsonne zu trotzen, meist nur eine Badehose (ohne Abzeichen seiner Kommandantenwürde), einmal, als er nur mit einem Feldstecher bekleidet war, begegnete ihm eine englische Korrespondentin und fiel in Ohnmacht: so schrecklich hatte sie den Krieg nicht vermutet.

Kisch, hast Du das aufgeschrieben, oder schnöde erfunden? *R. Br.*

sport

England spielt gegen Europ[a]

Ein Fussballspiel ganz eigener Prägung wird aus Anlass des 75jährigen Bestehens der englischen Football-Association stattfinden. Am 26. Oktober spielt in Wembley oder Glasgow eine englische Nationalmannschaft gegen eine Auswahlelf des europäischen Festlandes.

Es ist das erste Mal, dass ein so weit gefasstes Projekt zur Durchführung gelangt. Bereits im letzten Jahre wurde ein sensationelles Spiel Westeuropa gegen Mitteleuropa in Amsterdam durchgeführt. Die Mitteleuropäer (Oesterreich, Tschechoslowakei, Ungarn, Italien) siegten über Westeuropa (Holland, Belgien, Frankreich, Deutschland) mit 4 : 2. Die Zusammensetzung war damals etwas willkürlich, indem Deutschland zum Westen, Italien zum Zentrum geschlagen wurde. Eine Begegnung England gegen Festland sprengt noch diesen schon an sich sehr kühnen Rahmen von Amsterdam. Da die Engländer auf eigenem Boden noch nie von einer kontinentalen Mannschaft geschlagen worden sind, mag es vielleicht einer Konzentration Europas möglich werden, erstmalig England zu besiegen. Wer weiss, ob nicht später noch eine Erweiterung erfolgt, indem England auch Schotten, Waliser und Iren aufnimmt, um eine Mannschaft „Gross-Britanniens" zu formen.

RENNEN

HEUTE IN LE TREMBLAY

Prix Clocher — MASSAOUA — [illegible]
Prix Minerva — LIARD — [illegible]
Prix Cerdagne — LOGGIA — [illegible]
Prix Daphnis et Chloé — SYLVANITE — [illegible]
Prix Carmélite — CORRENNE — Almanaz
Prix Dutch Sister — APOLLONIUS — [illegible]

VERANSTALTUNGEN

Zu Ehren der politischen Gefangenen

Die drei Kühe

EGON ERWIN KISCH IM SDS

Kisch, zurück aus Spanien, wo er viele Monate lang und, wie sich das für ihn versteht, möglichst weit vorn war, las vor begeisterter Gemeinde (die schon beinahe seine Familie ist) seine neuste (soeben auch gedruckt erschienene) Geschichte „Die drei Kühe". Sie handelt –

Ganz anders ist der Bauer, ach
als wie bei Berthold Auerbach –

von einem armen Bauern aus Tirol, der, teils, weil die Wirtschaft zum Teufel geht, zum andern, weil er hört, dass es dort unten Nützlicheres zu tun gibt, eines Tages seine drei Kühe verkauft und mit zwei Kameraden über Paris nach Spanien in den Krieg fährt.

Es ist eine sehr schlichte und nüchterne Geschichte, ganz unsentimental, so wie es die wirklichen Bauern sind. Aber, sie wäre kein echter Kisch, schlüge in ihr nicht ruhigen und festen Taktes das Herz des Volkes. Wie sachlich und unproblematisch da auch etwas Alltägliches berichtet, man möchte beinahe sagen: protokolliert wird, so tönt doch aus jeder Zeile dieser fünfzig Seiten das herrische Epos der Freiheit, von der die Schriftsteller heute nicht nur träumen, um die sie kämpfen.

Von Schriftstellern solcher Art sprach Kisch im zweiten Teil des Abends, von seinen spanischen Gefährten, von Renn, Regler, Uhse, Marchwitza, Köstler, Weinert, Bredel, Busch. Auch diese Chronik verschmähte jegliches Pathos: sie haben nützliche Arbeit getan und sind gelegentlich dem Tode begegnet. Im übrigen aber waren sie heiter und sehr akklimatisiert. Renn, zum Beispiel, trug, der Glutsonne zu trotzen, meist nur eine Badehose (ohne Abzeichen seiner Kommandantenwürde), einmal, als er nur mit einem Feldstecher bekleidet war, begegnete ihm eine englische Korrespondentin und fiel in Ohnmacht: so schrecklich hatte sie den Krieg nicht vermutet.

Kisch, hast Du das aufgeschrieben, oder schnöde erfunden?

R Br.

1.4 Buchbesprechung aus der Pariser Tageszeitung vom 7. Mai 1938, S. 4

Neues von Kisch

Von RUDOLF LEONHARD

Neulich erzählte mir ein Freund, er habe hier in einer Bibliothek, einer Spezialbibliothek, einige Bücher von mir gefunden — Bücher, die ich selbst längst nicht mehr besitze. Mitten unter den Titeln stand einer, der ihm sehr gefiel. Der hiess, ungefähr: „Ueber die Bedeutung der Regenwürmer" — es können aber auch Erdmikroben gewesen sein — „für die Bodengestaltung" — es kann aber auch Bodenpflege oder Bodenzersetzung gewesen sein; der Autor zeichnete wirklich R. L. Ich habe ziemlich viel geschrieben, ich dachte also lange nach, und suchte, suchte mich zu erinnern; aber ich kam endgültig zu dem Ergebnis, das die erste Vermutung wiederholte: dieses agronomische Werk ist nicht von mir.

So auch Kisch. Oder vielmehr gerade nicht so. Den auch in Kischs Titelverzeichnis steht nun ein landwirtschaftstechnisch wirkendes Werk, es heisst „Die drei Kühe". Und das kleine Buch — es ist im Amaltheaverlag erschienen — ist wirklich von Kisch, es ist sogar ganz und gar von Kisch, ganz und gar Kisch, ein ganz echter Kisch, und wie eben ein echter Kisch ist: ein Beweis für Kischs Haupttugenden: Lebendigkeit und Aufrichtigkeit, und Wahrheit. Es stimmt alles in dem Buche, das Buch stimmt, bis in die Sprach- und Spracheinzelheit hinein, handlungsmässig, sozial, politisch, psychologisch, ökonomisch. Grade die Landwirtschaftsökonomik, ganz in Handlung gegeben, stimmt besonders. Es stimmt so gut und so klar, dass man gar nicht merkt, wieviel Kunstverstand, Literaturkenntnis (Kisch bringt es sogar fertig, Literaturgeschichte darin zu treiben), Handwerkssinn, Handfertigkeit in der Sache steckt; nur auf der einen Seite etwa, wo der Fahrstuhl wie die Schulden steigt, und das Hotelzimmer in die Bauernerfahrung einbezogen wird.

Aber wie das nun mit dem Agrarischen mitten in Kischs Werk steht — ja, das lesen Sie doch bitte selbst, in Ihrem Interesse. Ich habe die ganze blöde und völlig belanglose Geschichte nur zur Einleitung erzählt, um nichts aus Kischs Buch zu verraten, um nichts vorwegzunehmen, um Ihnen nichts wegzunehmen.

KURT HILLERS

Von KLAUS MANN

Der Schriftsteller Kurt Hiller ist eine Persönlichkeit. Er hat seinen eigenen, unverwechselbar geprägten Stil — ein sehr brillanter Stil, übrigens: rhythmisch federnd, bravourös exakt —, und er hat, was wichtiger ist, seine eigenen Gedanken. Diese erscheinen manchen anstosserregend. Es gehört aber gerade zum Ehrgeiz der Persönlichkeit Kurt Hillers, zu chockieren, Anstoss, und das heisst: Diskussion zu erregen. Was er am leidenschaftlichsten hasst, und wogegen er am grimmigsten kämpft, das ist: der Konservativismus der Linken; die Erstarrung der fortschrittlichen Ideologien; der Denkfaulheit der Gutgesinnten. „Kein Kunststück", schreibt er, „die Götter der Gegner zu prügeln. Aber die Götzen der Freunde! Wir wollen sie kitzeln, bis sie quietschen!"

Diese Formulierung — diese übermütige und gereizte kleine Kampfansage, die stilistisch und inhaltlich charakteristisch für ihren Autor ist — kommt in einem der Aufsätze vor, die Hiller jetzt in seinem Buch „Profile. Prosa aus einem Jahrzehnt" (Éditions Nouvelles Internationales, Paris) zusammengestellt hat. Eine ganz ausserordentlich interessante Lektüre —: ich empfehle sie jedem, der etwas Sinn für gute deutsche Prosa mitbringt und genug intellektuelle Neugierde, um diesem höchst eigenwilligen Geist bei seinen diversen, oft überraschenden Exkursionen zu folgen (Uebrigens ist auf Hillers Werk an dieser Stelle schon hingewiesen worden.)

Ich will, gleich eingangs, meine Einwände und meine Einschränkungen machen. Der Kulturkritiker und politische Philosoph Kurt Hiller hat eine Vorliebe für das Ueberpointierte. Er ist nervös, reizbar, zuweilen ungerecht. Was ihm fehlt, ist eine innere Ausbalanciertheit: — ein Goethisches Element. Er ist niemals langweilig oder konventionell; aber vielleicht ist er etwas zu stolz auf seinen geistigen Eigensinn. Manchmal kommen in seiner Prosa schrille Töne vor, die wehtun und übrigens misstrauisch machen. (Es ist nicht ungefährlich, vom Nietzsche der „Ecce Homo"-Periode gewisse Akzente zu übernehmen, die legitim und schauerlich-grossartig eben nur bei Nietzsche sind ...) Wer seiner Sache sicher ist, spricht mit ruhiger Stimme. Hiller hat so oft recht, dass er es sich wohl leisten könnte, gelassener zu sein. Um nur ein Beispiel zu nennen: er ist — ler schimpft; ja, er kreischt beinahe ..., so dass es wehtut und übrigens misstrauisch macht.

Freilich ist zu konstatieren, dass mit diesen Schwächen Hillers auch seine Forcen zusammenhängen. Sein intellektueller Radikalismus, seine geistige Unbedingtheit, die ihn zuweilen in die gefährliche Gegend der Paradoxe entführen, machen zugleich seinen Charme — und mehr als das: seine Bedeutung aus. Denn, ohne Frage: es gibt in seinem Denken und in seinem Charakter bedeutende, zukunftsträchtige Elemente.

Als gehorsamer Soldat der Revolution zu dienen — ohne Kritik, ohne selbständiges Denken — kann ehrenwert sein, und ist für viele sicher die einzig passende innere Haltung. Johannes R. Becher — dem Hiller eine ausführliche Studie widmet — dichtet: „Von allen Wegen gibt's für uns nur einen. Den die Partei uns zeigt. Sonst gibt es keinen." Man kann solche asketische Disziplin bewundern, und Hiller selbst bringt, gerade im Falle Bechers, Achtung für sie auf. Wären aber alle so diszipliniert — wie sollte sich der revolutionäre Gedanke entwickeln? Seine Stagnation bliebe unvermeidlich — und man hat am Versagen der deutschen Links-Parteien gesehen, wohin die Stagnation, die Erstarrung führt ... Die deutschen Marxisten haben vieles zu bereuen. Das Exil gibt ihnen Musse und Gelegenheit dazu. Haben sie schon bis zu dem Grade umgelernt, der nottut? Wir möchten hoffen, dass sie im Begriffe sind, es zu tun ... Aber dann sollten sie eine Stimme wie die von Hiller nicht überhören.

Worauf es Hiller ankommt, und was er mit all der Leidenschaft, die ihm gegeben ist, betreibt, das ist „die Erneuerung des sozialistischen Philosophems. Sie geschähe nicht zum Schaden, sondern zum Nutzen seines Ziels." — Denn über das Ziel ist Hiller sich mit allen Revolutionären einig: er will den Sozialismus. Deshalb kann er, in einem Brief an den „Genossen Thälmann" sagen: „... zwar eine Vielheit von Meinungen sind wir doch heute ein Heer; und zusammen gehören vor allem: der intelligente Arbeiter und der arbeitende Intellektuelle — gesetzt, dass beide Charakter haben." Das ist nicht die Sprache des Eigenbrödlers. Es ist keineswegs die Sprache dessen, mit dem es von der „linientreuen" Seite her, keine Verstän-

Neues von Kisch

Von RUDOLF LEONHARD

Neulich erzählte mir ein Freund, er habe hier in einer Bibliothek, einer Spezialbibliothek, einige Bücher von mir gefunden – Bücher, die ich selbst längst nicht mehr besitze. Mitten unter den Titeln stand einer, der ihm sehr gefiel. Der hiese [hieße], ungefähr: „Ueber die Bedeutung der Regenwürmer" – es können aber auch Erdmikroben gewesen sein – „für die Bodengestaltung" – es kann aber auch Bodenpflege oder Bodenzersetzung gewesen sein: der Autor zeichnete wirklich R. L. Ich habe ziemlich viel geschrieben, ich dachte also lange nach, und suchte, suchte mich zu erinnern: aber ich kam endgültig zu dem Ergebnis, das die erste Vermutung wiederholte: dieses agronomische Werk ist nicht von mir.

So auch Kisch. Oder vielmehr gerade nicht so. Den[n] auch in Kischs Titelverzeichnis steht nun ein landwirtschaftstechnisch wirkendes Werk, es heisst „Die drei Kühe". Und das kleine Buch – es ist im Amaltheaverlag [Amalien-Verlag] erschienen – ist wirklich von Kisch, es ist sogar ganz und gar von Kisch, ganz und gar Kisch, ein ganz echter Kisch, und wie eben ein echter Kisch ist: ein Beweis für Kischs Haupttugenden: Lebendigkeit und Aufrichtigkeit, und Wahrheit. Es stimmt alles in dem Buche, das Buch stimmt, bis in die Sprach- und Sprecheinzelheit hinein, handlungsmässig, sozial, politisch, psychologisch, ökonomisch. Grade die Landwirtschaftsökonomik, ganz in Handlung gegeben, stimmt besonders. Es stimmt so gut und so klar, dass man gar nicht merkt, wieviel Kunstverstand, Literaturkenntnis (Kisch bringt es sogar fertig, Literaturgeschichte darin zu treiben), Handwerkssinn, Handfertigkeit in der Sache steckt: nur auf der einen Seite etwa, wo der Fahrstuhl wie die Schulden steigt, und das Hotelzimmer in die Bauernerfahrung einbezogen wird.

Aber wie das nun mit dem Agrarischen mitten in Kischs Werk steht – ja, das lesen Sie doch bitte selbst, in ihrem Interesse. Ich habe die ganze blöde und völlig belanglose Geschichte nur zur Einleitung erzählt, um nichts aus Kischs Buch zu verraten, um nichts vorwegzunehmen, um Ihnen nichts wegzunehmen.

1.5 Briefwechsel zwischen Max Bair und Egon Erwin Kisch vom Oktober 1946

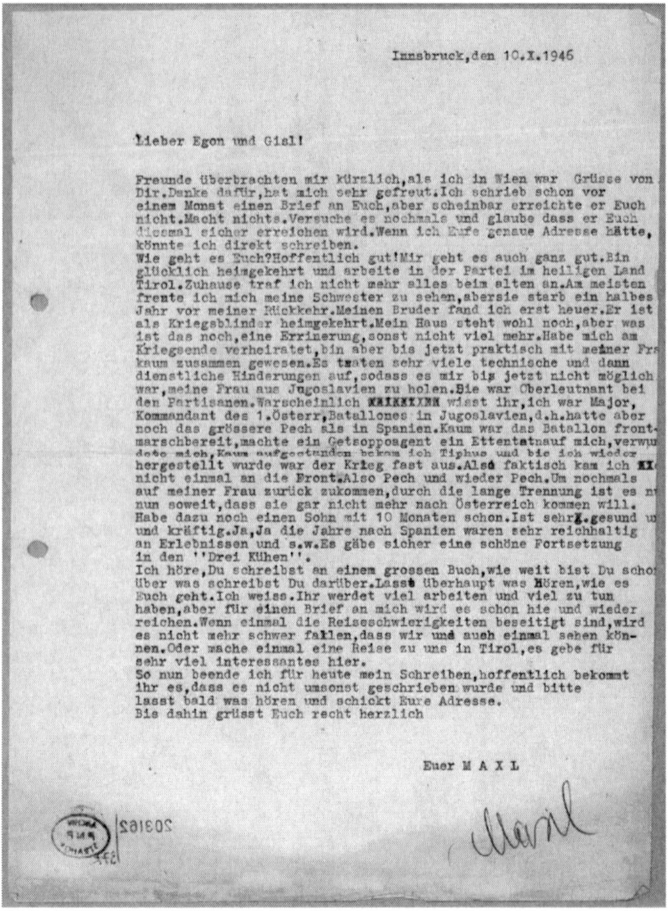

Innsbruck,den 10.X.1946

Lieber Egon und Gisl!

Freunde überbrachten mir kürzlich,als ich in Wien war Grüsse von Dir.Danke dafür,hat mich sehr gefreut.Ich schrieb schon vor einem Monat einen Brief an Euch,aber scheinbar erreichte er Euch nicht.Macht nichts.Versuche es nochmals und glaube dass er Euch diesmal sicher erreichen wird.Wenn ich Eure genaue Adresse hätte, könnte ich direkt schreiben.
Wie geht es Euch?Hoffentlich gut!Mir geht es auch ganz gut.Bin glücklich heimgekehrt und arbeite in der Partei im heiligen Land Tirol.Zuhause traf ich nicht mehr alles beim alten an.Am meisten freute ich mich meine Schwester zu sehen,abersie starb ein halbes Jahr vor meiner Rückkehr.Meinen Bruder fand ich erst heuer.Er ist als Kriegsblinder heimgekehrt.Mein Haus steht wohl noch,aber was ist das noch,eine Errinerung,sonst nicht viel mehr.Habe mich am Kriegsende verheiratet,bin aber bis jetzt praktisch mit meiner Fr kaum zusammen gewesen.Es traten sehr viele technische und dann dienstliche Hinderungen auf,sodass es mir bis jetzt nicht möglich war,meine Frau aus Jugoslavien zu holen.Sie war Oberleutnant bei den Partisanen.Warscheinlich XXXXXXXX wisst ihr,ich war Major, Kommandant des 1.Österr,Batallones in Jugoslavien,d.h.hatte aber noch das grössere Pech als in Spanien.Kaum war das Batallon front-marschbereit,machte ein Getsoppoagent ein Ettentatnauf mich,verwu dete mich,Kaum aufgestanden bekam ich Tiphus und bis ich wieder hergestellt wurde war der Krieg fast aus.Also faktisch kam ich XX nicht einmal an die Front.Also Pech und wieder Pech.Um nochmals auf meiner Frau zurück zukommen,durch die lange Trennung ist es n nun soweit,dass sie gar nicht mehr nach Österreich kommen will. Habe dazu noch einen Sohn mit 10 Monaten schon.Ist sehr.gesund u und kräftig.Ja,Ja die Jahre nach Spanien waren sehr reichhaltig an Erlebnissen und s.w.Es gäbe sicher eine schöne Fortsetzung in den ''Drei Kühen''.
Ich höre,Du schreibst an einem grossen Buch,wie weit bist Du scho über was schreibst Du darüber.Lasst überhaupt was Hören,wie es Euch geht.Ich weiss.Ihr werdet viel arbeiten und viel zu tun haben,aber für einen Brief an mich wird es schon hie und wieder reichen.Wenn einmal die Reiseschwierigkeiten beseitigt sind,wird es nicht mehr schwer fallen,dass wir und auch einmal sehen kön-nen.Oder mache einmal eine Reise zu uns in Tirol,es gebe für sehr viel interessantes hier.
So nun beende ich für heute mein Schreiben,hoffentlich bekommt ihr es,dass es nicht umsonst geschrieben wurde und bitte lasst bald was hören und schickt Eure Adresse.
Bis dahin grüsst Euch recht herzlich

Euer M A X L

Maxl

Innsbruck, den 10.X.1946

Lieber Egon und Gisl!

Freunde überbrachten mir kürzlich, als ich in Wien war Grüsse von Dir. Danke dafür, hat mich sehr gefreut. Ich schrieb schon vor einem Monat einen Brief an Euch, aber scheinbar erreichte er Euch nicht. Macht nichts. Versuche es nochmals und glaube dass er Euch diesmal sicher erreichen wird. Wenn ich Eure genaue Adresse hätte, könnte ich direkt schreiben.

Wie geht es Euch? Hoffentlich gut! Mir geht es auch ganz gut. Bin glücklich heimgekehrt und arbeite in der Partei im heiligen Land Tirol. Zuhause traf ich nicht mehr alles beim alten an. Am meisten freute ich mich meine Schwester zu sehen, aber sie starb ein halbes Jahr vor meiner Rückkehr. Meinen Bruder fand ich erst heuer. Er ist als Kriegsblinder heimgekehrt. Mein Haus steht wohl noch, aber was ist das noch, eine Errinerung, sonst nicht viel mehr. Habe mich am Kriegsende verheiratet, bin aber bis jetzt praktisch mit meiner Fra kaum zusammen gewesen. Es traten sehr viele technische und dann dienstliche Hinderungen auf, sodass es mir bis jetzt nicht möglich war, meine Frau aus Jugoslavien zu holen. Sie war Oberleutnant bei den Partisanen. Wahrscheinlich XXXXXXXXX wisst ihr, ich war Major, Kommandant des 1. Österr, Batallones in Jugoslavien, d.h. hatte aber noch das grössere Pech als in Spanien. Kaum war das Batallon frontmarschbereit, machte ein Getsoppoagent ein Ettentat auf mich, verwundete mich, Kaum aufgestanden bekam ich Tiphus und bis ich wieder hergestellt wurde war der Krieg fast aus. Also faktisch kam ich XX nicht einmal an die Front. Also Pech und wieder Pech. Um nochmals auf meiner Frau zurück zukommen, durch die lange Trennung ist es nun soweit, dass sie gar nicht mehr nach Österreich kommen will.

Habe dazu noch einen Sohn mit 10 Monaten schon. Ist sehrX.gesund und kräftig. Ja, Ja die Jahre nach Spanien waren sehr reichhaltig an Erlebnissen und s.w. Es gäbe sicher eine schöne Fortsetzung in den „Drei Kühen".

Ich höre, Du schreibst an einem grossen Buch, wie weit bist Du schon über was schreibst Du darüber. Lasst überhaupt was Hören, wie es Euch geht. Ich weiss. Ihr werdet viel arbeiten und viel zu tun haben, aber für einen Brief an mich wird es schon hie und wieder reichen. Wenn einmal die Reiseschwierigkeiten beseitigt sind, wird es nicht mehr schwer fallen, dass wir uns auch einmal sehen können. Oder mache einmal eine Reise zu uns in Tirol, es gebe für sehr viel interessantes hier.

So nun beende ich für heute mein Schreiben, hoffentlich bekommt ihr es, dass es nicht umsonst geschrieben wurde und bitte lasst bald was hören und schickt Eure Adresse.

Bis dahin grüsst Euch recht herzlich

Euer MAXL

U Laboratore 22
Praha, XVIII., C.S.R.

30.Oktober 1946.

Lieber Maxl:

Manchmal kommen Leute ueber Innsbruck nach Prag und wenn es Leute von uns sind, frage ich sie immer nach Dir aus. (Gestern sprach ich uebrigens eine Innsbruckerin, geborene von Ficker, im Gefaengnis, sie ist die Frau eines Gestapochefs und schwerer Dinge angeklagt, die hab' ich natuerlich nicht nach Dir gefragt.) Ich weiss also schon lange, dass Du in Innsbruck steckst und treu geblieben bist, was ich uebrigens nicht anders erwartet habe. Nun aber hab ich direkten Brief von Dir (den Brief von vorher, von dem Du schreibst, hab ich nie erhalten). Du hast wirklich nach Spanien genug erlebt und nicht gerade die schoensten Dinge. Oft hab ich ueber Dich gesprochen, in New York traf ich einen Dr. Chiavacci (Stiefsohn des Tiroler Dichters Karl Schoenherr), der Dich bei mir in Versailles kennen gelernt hat. Der schenkte mir ein Foto, das er von Dir und mir vor dem Revolutionsmuseum in Versailles aufgenommen hat.

Ist Dein Junge bei Dir oder in Jugoslawien bei seiner Mutter? Und wie wird sich das zwischen Euch regeln? Vielleicht kommst Du mal nach Prag, dann kann ich ueber alles direkt fragen. Ich war wie Du vielleicht weisst, fast sechs Jahre in Mexiko, habe mehrere Buecher geschrieben, aber leider habe ich kein Exemplar, sonst wuerde ich Dir was schicken. In Tirol wird es wohl ganz ertraeglich zu leben sein, aber ob ich bald dort vorbeikomme, ist vorlaeufig sehr fraglich. Mit der Gisl bin ich noch immer zusammen; von Spanienkaempfern haben wir noch mit vielen Kontakt; in New York trafen wir Angel und Ruth Jensen, hier sind die Aerztinnen Dora und Vlasta, die Apothekerin Helenka und die Verwalterin Alice und mein Bruder. die alle mit uns in Benicasim waren und Dich gruessen lassen.

Vielleicht halt ich bald mal in Wien einen Vortrag und dann koennten wir uns dort treffen. Lass es Dir gut gehn, lieber Maxl, auch ohne Deine drei Kuehe, und sei bestens gegruesst von

Deinem alten

Auch ich schick Dir, lieber Maxl,
sehr herzliche Gruesse, und hoffe,
dass Du uns bald wieder schreibst.

U Laboratore 22
Praha, XVIII., C.S.R.

30.Oktober 1946.

Lieber Maxl:

Manchmal kommen Leute ueber Innsbruck nach Prag und wenn es Leute von uns sind, frage ich sie immer nach Dir aus. (Gestern sprach ich uebrigens eine Innsbruckerin, geborene von Ficker, im Gefaengnis, sie ist die Frau eines Gestapochefs und schwerer Dinge angeklagt/, die hab' ich natuerlich nicht nach Dir gefragt.) Ich weiss also schon lange, dass Du in Innsbruck steckst und treu geblieben bist, was ich uebrigens nicht anders erwartet habe. Nun aber hab ich direkten Brief von Dir (den Brief von vorher, von dem Du schreibst, hab ich nie erhalten). Du hast wirklich nach Spanien genug erlebt und nicht gerade die schoensten Dinge. Oft hab ich ueber Dich gesprochen, in New York traf ich einen Dr. Chiavacci (Stiefsohn des Tiroler Dichters Karl Schoenherr), der Dich bei mir in Versailles kennen gelernt hat. Der schenkte mir ein Foto, das er von Dir und mir vor dem Revolutionsmuseum in Versailles aufgenommen hat.

Ist Dein Junge bei Dir oder in Jugoslawien bei seiner Mutter? Und wie wird sich das zwischen Euch regeln? Vielleicht kommst Du mal nach Prgg, dann kann ich ueber alles direkt fragen. Ich war wie Du vielleicht weisst, fast sechs Jahre in Mexiko, habe mehrere Buecher geschrieben, aber leider habe ich kein Exemplar, sonst wuerde ich Dir was schicken. In Tirol wird es wohl ganz ertraeglich zu leben sein, aber ob ich bald dort vorbeikomme, ist vorlaeufig sehr fraglich. Mit der Gisl bin ich noch immer zusammen; von Spanienkaempfern haben wir noch mit vielen Kontakt; in New York trafen wir Angel und Ruth Jensen, hier sind die Aerztinnen Dora und Vlasta, die Apothekerin Helénka und die Verwalterin Alice und mein Bruder. die alle mit uns in Benicasim waren und Dich gruessen lassen.

Vielleicht halt ich bald mal in Wien einen Vortrag und dann koennten wir uns dort treffen. Lass es Dir gut gehn, lieber Maxl, auch ohne Deine drei Kuehe, und sei bestens gegruesst von

Deinem alten

Auch ich schick Dir, lieber Maxl,
sehr herzliche Gruesse, und hoffe,
dass Du uns bald wieder schreibst.

1.6 Pressebericht zur Entführungsaffäre um Max Bair aus der Tiroler Tageszeitung und der Tiroler Neuen Zeitung vom März 1950

6. Jahrgang - Nr. 73

Dienstag, den 28. März 1950

Einzelpreis 45 Groschen

Tiroler Tageszeitung

UNABHÄNGIGES ÖSTERREICHISCHES VOLKSBLATT

Das hohe Ziel

Dunkle Hintergründe werden sichtbar:

Max Bair kommt vor Gericht

Wien, 27. März. (APA.) AND. meldet auf Grund einer Mitteilung des US-Hauptquartiers: Das Verhör gegen Max Bair, alias Josef Maier, alias Fedotow, der den amerikanischen Behörden die Unterlagen zur Verhaftung der sogenannten Benno-Blum-Bande — der von den Sowjets unterstützten Menschenräuber — lieferte, wird am 29. März vor einem US-Gericht für Zivilangelegenheiten vorgenommen werden. Die Verhaftung von elf Mitgliedern der Bande war am 19. Jänner von den USFA-Behörden bekanntgegeben worden. Die Bande hatte mindestens vier Personen aus der amerikanischen Zone entführt, ehe es gelang, ihrem Treiben Einhalt zu gebieten. Die von Max Bair vor den USFA-Behörden gemachten Aussagen ließen es notwendig erscheinen, ihn sowohl zu seinem eigenen als auch zum Schutze anderer Personen in Haft zu halten. Gleichzeitig waren Maßnahmen zur Verhinderung weiterer Unternehmungen der Menschenräuberbande ergriffen worden. Die Enthüllungen Bairs über die Absichten der Sowjets zwangen die amerikanischen Behörden, außergewöhnliche Vorsichtsmaßnahmen zu ergreifen. Wären diese Vorsichtsmaßregeln nicht ergriffen worden, so wären noch viele in der amerikanischen Zone lebende Oesterreicher und Displaced Persons Opfer der Bande geworden.

Bair, am 21. April 1917 in Matrei a. Br. geboren, verließ Oesterreich im Jahre 1937. Im Jahre 1945 kehrte er mit den Streitkräften der Sowjetunion nach Oesterreich zurück. Seit Jänner 1947, als ihn die KPOe. aus seiner Stellung als Sekretär ihrer Parteiorganisation in Tirol entfernte, lebte er in Wien. Bei der Vorverhandlung werden Beweise für die gegen ihn erhobene Beschuldigung vorgelegt werden, er habe sich Vergehen schuldig gemacht, die geeignet waren, Gesetz und Ordnung in der amerikanischen Besatzungszone Oesterreichs und die Sicherheit der Vereinigten Staaten zu gefährden.

Ein Sprecher der USFA erklärte, Bair sei wie ein österreichischer Häftling auch in einem österreichischen Gefängnis und unter Aufsicht österreichischer Gefängnisbeamter gehalten worden. Sein Gesundheitszustand zum Zeitpunkt der Verhaftung war schlecht. Durch die Behandlung des Gefängnisarztes sei sein Gesundheitszustand jedoch ein ausgezeichneter geworden. Bair habe, als ihn seine Braut im Gefängnis besuchte, dieser gegenüber den Wunsch geäußert, bei der Verhandlung durch einen österreichischen Anwalt verteidigt zu werden. Dies wurde ihm zugestanden.

Tito kommentiert das „Wahlergebnis"

Belgrad, 27. März. — Marschall Tito erklärte Sonderberichterstattern der Pariser Presse, daß die Wahlen, bei denen insgesamt 93,6 Prozent der abgegebenen Stimmen auf die Volksfront entfallen ...

„Wir können keine Runde überspringen"

Schuman bezeichnet den Vorschlag Adenauers als verfrüht

Paris, 27. März. — „Le Monde" beschäftigt sich heute mit einer Rede ...

Letzte Meldungen

Der Justizausschuß des Nationalrates hat die Regierungsvorlage zum Preistreibereigesetz zum Beschluß erhoben.

Laut Presseberichten brachen in den sächsischen Uranbergwerken Unruhen aus, wobei von russischen Soldaten 102 deutsche Bergleute ...

Vom Empfang der Flamannschaft in Feldkirch. Von links nach rechts: Herr Jochum, der Manager von „Trude", Frau Jochum-Beiser, Bürgermeister Mähr und Resi Hammerer. Photo: Spang, Bregenz

Dienstag, den 28. März 1950
Tiroler Tageszeitung
Unabhängiges Österreichisches Volksblatt,

Dunkle Hintergründe werden sichtbar:

Max Bair kommt vor Gericht

Wien, 27. März. (APA.) AND. [Amerikanischer Nachrichtendienst] meldet auf Grund einer Mitteilung des US.-Hauptquartiers: Das Verhör gegen Max Bair, alias Josef Maier, alias Fedotow, der den amerikanischen Behörden die Unterlagen zur Verhaftung der sogenannten Benno-Blum-Bande – der von den Sowjets unterstützten Menschenräuber – lieferte, wird am 30. März vor einem US.-Gericht für Zivilangelegenheiten vorgenommen werden. Die Verhaftung von elf Mitgliedern der Bande war am 10. Jänner von den USFA.-Behörden [United States Forces in Austria] bekanntgegeben worden. Die Bande hatte mindestens vier Personen aus der amerikanischen Zone entführt, ehe es gelang, ihrem Treiben Einhalt zu gebieten. Die von Max Bair vor den USFA.-Behörden gemachten Aussagen ließen es notwendig erscheinen, ihn sowohl zu seinem eigenen als auch zum Schutze anderer Personen in Haft zu halten. Gleichzeitig waren Maßnahmen zur Verhinderung weiterer Unternehmungen der Menschenräuberbande ergriffen worden. Die Enthüllungen Bairs über die Absichten der Sowjets zwangen die amerikanischen Behörden, außergewöhnliche Vorsichtsmaßnahmen zu ergreifen. Wären diese Vorsichtsmaßregeln nicht ergriffen worden, so wären noch viele in der amerikanischen Zone lebende Oesterreicher und Displaced Persons [Kriegsmigranten ohne Staatsangehörigkeit] Opfer der Bande geworden. (...)

Tiroler Neue Zeitung

Abend-Ausgabe

Organ der Kommunistischen Partei Österreichs – Land Tirol

Preis 40 Groschen

...mer 64 Innsbruck, Freitag-Samstag, 31. März 1. April 1950 6. Jahrgang

Großbrand im Wiener Belvedere

Zusammenstoß in der Luft

Laut Paragraph drei

Sensationelle Wendung im Bair-Prozeß

...ndlung enthüllt amerikanische Kriegsvorbereitungen in Oesterreich – Anklage bricht zusammen – Gericht beschließt, Bair gegen Kaution freizulassen

Verschwörergruppen in der USA.-Zone

Kein Platz für den VdU. in den Gewerkschaften

Tiroler Neue Zeitung
Organ der Kommunistischen Partei Österreichs – Land-Tirol
Innsbruck, Freitag-Samstag, 31. März 1. April 1950
Abend-Ausgabe

Sensationelle Wendung im Bair-Prozeß

Verhandlung enthüllt amerikanische Kriegsvorbereitungen in Oesterreich – Anklage bricht zusammen – Gericht beschließt, Bair gegen Kaution freizulassen

Die Vorverhandlung gegen den Freiheitskämpfer Max Bair in Salzburg hat mit einer vernichtenden politischen Niederlage der Amerikaner geendet. Die Behauptungen über angeblichen Menschenraub haben sich als Lüge erwiesen, von der „Blum-Bande", von Entführungen und allen anderen vom amerikanischen Pressedienst verbreiteten Erfindungen, die willfährig von der hiesigen ferngelenkten Tagespresse veröffentlicht wurden, war nicht einmal die Rede. Die Verhandlung hat auch politische Tatsachen enthüllt, die in ihrer Tragweite weit über Oesterreich hinausreichen. Sie hat bewiesen, daß die Amerikaner Streitkräfte in Oesterreich, Bürgerkriegstruppen, russische DP.s [Displaced Persons, Kriegsmigranten ohne Staatsangehörigkeit] und Faschisten organisieren, mit dem Ziel sie gegen die Sowjetunion einzusetzen. Sie hat enthüllt, daß unter der Leitung des CIC. [Counter Intelligence Corps; ehem. Spionage-Abwehrabteilung des US-Geheimdienstes] „Flüchtlinge" aus Ungarn und anderen Volksdemokratien herausgeholt und zu Sabotagezwecken wieder nach Osten geschickt werden. Sie hat schließlich enthüllt, daß Max Bair deshalb festgenommen wurde, weil er diesem Kreis der Amerikaner auf die Spur kam.
Am Schluß der Verhandlung sah sich das Gericht genötigt, dem Antrag des Verteidigers Dr. Kurt Regner zu entsprechen und die Enthaftung Max Bairs gegen Erstellung einer Kaution von 75.000 S zu beschließen. Bis zur Hauptverhandlung, die am 24. April stattfinden soll, wird Bair gegen Erlag der Kaution aus dem Gefängnis entlassen werden. (…)

1.7 Lebenslauf von Dr. Martin Jäger (Max Bair), 1986 verfasst für die Vereinigung der ehemaligen Interbrigadisten in der DDR

Dr. Martin Jäger (Max Bair) Berlin.28.5.1986

Lebenslauf

Ich bin am 28.4.1917 in Puigg,Matrei a/Br.-Tirol geboren.Ich besuchte eine zweiklassige Volksschule.Als Sohn eines Kleinbauer war ich bis zu meinem zwanzigsten Lebensjahr in der Landwirtsch aft tätig.

Durch Bekanntschaft mit politisch aktiven Arbeitern kam ich mit der revolutionären Tätigkeit der Arbeiterbewegung in Berührung, lernte die politischen Ziele der Arbeiterbwegung kennen und wurde dadurch selbst ein wenig politisch tätig.Angeregt durch Gespräche der Arbeiter und mehr aus meinem Gefühl heraus kam ich nach und nach zu der Überzeugung,daß es notwendig ist politisch tätig zu werden und entschloss mich den spanischen Freiheitskampf aktiv zu unterstützen.Ich fuhr 1937 nach Spanien und wurde Mitglied der Interbrigaden(Egon Erwin Kisch beschreibt diese Fahrt in seiner kleinen Broschüre die "Drei Kühe". Eine zusätzliche Motivation zu meiner Bewußtseinsbildung war der kritische Vergleich zwischen der harten Wirklichkeit des Lebens und d n Prinzipien und Geboten der Katholischen Religion,was keinenfalls übereinstimmte.

In Madrigueras-Spanien-absolvierte ich eine dreiwöchige militärische Ausbildung und wurde im Juli 1937 der 11.Brigade,dem Österreichischen Bataillon,zugeteilt.Ich nahm an d n Kämpfen um Quijorne ind Quinto teil.Im letzten Kampf wurde ich schwer verwundet.

Als Schwerverwundeter wurde ich nach einem dreiwöchigen Aufenthalt in einem Fronthospital in das Internationale Hospital nach Benicasin gebracht und blieb dort bis April 1938.Von dort aus wurde ich in das Hospital Santa Coloma evakuiert-Kreis Gerona-Katalonien.

Im Juni 1938 erklärte mich eine Arztekommission für den Fronteinsatz nicht tauglich und wurde darauf im August 1938 nach Frankreich evakuiert.

Meine politische Reife vor Spanien war nicht sehr bewußt und reifentwickelte sich in Spanien aber sehr rasch.1937 wurde ich in di e Kommunistische Partei Spaniens aufgenommen und war im Hospital ax als Agitator tätig.

Von August 1938 bis Oktober desselben Jahres war ich als Emigrant in Paris und darauf bis April 1939 in Coreze,Mittelfrankreich. In Paris wurde ich aus dem Solidaritätsfond für Spanien unterstützt. In Coreze,von der französischen Polizei ausgewiesen,war ich bei einem Großgrundbesitzer als Melker tätig.

Auf Befürwortung der KPÖ kam ich im April 1939 in die SU.Nach einer längeren ärztlichen Betreuung und Erholung nahm ich im Juli 1939 eine Tätigkeit im Mytischtinsker Waggonbetrieb auf.Ich arbeitete in einer Schlosserbrigade-nebenbei mit d m bekannten österr.S Spanienkämpfer Josef Spanner und dem deutschen Spanienkämpfer Gustav Röbelen.Aus gesundheitlichen Gründen mußte ich diese Tätigkeit aufgeben und Arbeitete nachher in der technischen Kontrolle.Neben der Arbeit im Betrieb begann ich ein Studium in einer Mittelschule was ich ebenfalls nach einem halben Jahr aus gesundheitlichen Gründen aufgeben mußte.Erst nach drei Jahren war meine Gesundheit wieder soweit hergestellt,sodaß ich wieder voll Einsatzfähig war.

Im November 1941 wurd ich mit meinem Betrieb nach Tscheljabinsk evakuiert.Im August 1942 wurde ich auf Vorschlag der Partei auf die Komminternschule delegiert,wo ich bis Oktober 1944 lernte.Neder politischen Schulung wurde ich besonders für die illegale Tätigkeit in meiner Heimat und in der Partisanentaktik vorbereitet und ausgebildet.

Lebenslauf-Jäger - 2 -

Im Oktober 1944 wurde ich im Auftrag der KPÖ im Partisanenkampf in Slowenien eingesetzt. Mir wurde die Funktion des Kommandanten des I. Österreichischen Freiheitsbataillons übertragen. Im Dezember 1944 wurde ich daselbst durch ein Attentat verwundet.

Nach meiner Rückkehr nach Österreich im Mai 1945 wurde ich im Auftrag des ZK der KPÖ als Sekretär der Partei im Land tirol eingesetz

In Österreich lernte ich meine jetzige Frau kennen. Ich heiratete 1950. Meine Frau war wegen ihrer politisc- hen Tätigkeit im Gefängnis und wurde nach vierjährigen Haft1945 aus dem Konzentrationslager Ravensbrück befreit. Wir haben zwei Töchter, geboren 1951 und 1954.

Im Jahre 1947 nahm ich in Wien ein Studium auf, besuchte des Gymnasium und machte das Abitur. Auf Grund einer Übereinkunft zwischen der KPÖ und dem Zentralsekretariat der SED übersiedelte meine Frau und ich im Juni 195o in die DDR. Von der Kaderabteilung des ZK der SED wurde ich auf die Verwaltungsakademie in Forst-Zinna delegiert und schlo mein Studium als Diplomwirtschaftler 1952 ab.

Nach dem Studium in Forst-Zinna wurde ich in der Staatlichen Plankommission eingesetzt wo ich bis zu meinem Rentenalter im Jahre 1977 arbeitete. In der SPK und zeitweilig im Forschungsinstitut bei der SPK habe ich mich längere Zeit mit der Volkswirtschaftlichen Bilanzierung, mit modernen Methoden der Planung, wie Verflechtungsbilanzen und der modernen Rechentechnik beschäftigt. Die ltzten 10 Jahre war ich Leiter des Rechenzentrums. Für meine Tätigkeit in der Staatlichen Plankommission wurde ich mit dem VVO in Silber und Gold mir der Verdienstmedaille und dem Orden Banner der Arbeit, Stufe III ausgezeichnet.

Gesellschaftlich bin ich gegenwärtig tätig in der Veteranenkommission bei der Kreisleitung der SPK, in der Sektion Spanienkämpfer, in der Arbeitsgruppe Spanienkämpfer und Lagergemeinschaften beim Bezirkskomitee der Widerstandskämpfer Berlin tätig. Auch im Rahmen der Historischen Kommission beim ZK der KPÖ führte ich Dokumentationsarbeiten durch.

Während meiner Tätigkeit in der Staatlichen Plankommission war ich die meiste Zeit in den Abteilungsparteileitungen tätig.

Jäger

Dr. Martin Jäger (Max Bair) Berlin.28.5.1986

Lebenslauf

Ich bin am 28.4.1917 in Puigg, Matrei a/Br.–Tirol geboren. Ich besuchte eine zweiklassige Volksschule. Als Sohn eines Kleinbauer war ich his zu meinem zwanzigsten Lebensjahr in der Landwirtsch aft tätig.

Durch Bekanntschaft mit politisch aktiven Arbeitern kam ich mit der revolutionären Tätigkeit der Arbeiterbewegung in

Berührung, lernte die politischen Ziele der Arbeiterbwegung kennen und wurde dadurch selbst ein wenig politisch tätig. Angeregt durch Gespräche der Arbeiter und mehr aus meinem Gefühl heraus kam ich nach und nach zu der Überzeugung, daß es notwendig ist politisch tätig zu werden und entschloss mich den spanischen Freiheitskampf aktiv zu unterstützen. Ich fuhr 1937 nach Spanien und wurde Mitglied der Interbrigaden (Egon Erwin Kisch beschreibt diese Fahrt in seiner kleinen Broschüre die „Drei Kühe". Eine zusätzliche Motivation zu meiner Bewußtseinsbildung war der kritische Vergleich zwischen der harten Wirklichkeit des Lebens und d n Prinzipien und Geboten der Katholischen Religion, was keinenfalls übereinstimmte.

In Madrigueras–Spanien–absolvierte ich eine dreiwöchige militärische Ausbildung und wurde im Juli 1937 der 11. Brigade, dem Österreichischen Bataillon, zugeteilt. Ich nahm an d n Kämpfen um Quijorne ind Quinto teil. Im letzten Kampf wurde ich schwer verwundet.

Als Schwerverwundeter wurde ich nach einem dreiwöchigen Aufenthalt in einem Fronthospital in das Internationale Hospital nach Benicasin gebracht und blieb dort bis April 1938. Von dort aus wurde ich in das Hospital Santa Coloma evakuiert–Kreis Gerona–Katalonien.

Im Juni 1938 erklärte mich eine Arztekommission für den Fronteinsatz nicht tauglich und wurde darauf im August 1938 nach Frankreich evakuiert.

Meine politische Reife vor Spanien war nicht sehr bewußt und reif – entwickelte sich in Spanien aber sehr rasch. 1937 wurde ich in di e Kommunistische Partei Spaniens aufgenommen und war im Hospital xx als Agitator tätig.

Von August 1938 bis Oktober desselben Jahres war ich als Emigrant in Paris und darauf bis April 1939 in Coreze, Mittelfrankreich. In Paris wurde ich aus dem Solidaritätsfond für Spanien unterstützt. In Coreze, von der französischen Polizei ausgewiesen, war ich bei einem Großgrundbesitzer als Melker tätig.

Auf Befürwortung der KPÖ kam ich im April 1939 in die SU. Nach einer längeren ärztlichen Betreuung und Erholung nahm ich im Juli 1939 eine Tätigkeit im Mytischtinsker Waggonbetrieb auf. Ich arbeitete in einer Schlosserbrigade–nebenbei mit dem bekannten österr.S Spanienkämpfer Josef Spanner und dem deutschen Spanienkämpfer Gustav Röbelen. Aus gesundheitlichen Gründen mußte ich diese Tätigkeit aufgeben und arbeitete nachher in der technischen Kontrolle. Neben der Arbeit im Betrieb begann ich ein Studixum in einer Mittelschule was ich ebenfalls nach einem halben Jahr aus gesundheitlichen Gründen aufgeben mußte. Erst nach drei Jahren war meine xxxx Gesundheit wieder soweit hergestellt, sodaß ich wieder voll einsatzfähig war.

Im November 1941 wurd ich mit meinem Betrieb nach Tscheljabinsk evakuiert. Im August 1942 wurde ich auf Vorschlag der Partei auf die Kominternschule delegiert, wo ich bis Oktober 1944 lernte. Neder politischen Schulung wurde ich besonders für die illegale Tätigkeit in meiner Heimat und in der Partisanentaktik vorbereitet und ausgebildet.

Im Oktober 1944 wurde ich im Auftrag der KPÖ im Partisanenkampf–in Slowenien eingesetzt. Mir wurde die Funktion des Kommandanten des I. Österreichischen Freiheitsbttaillons übertragen. Im Dezember 1944 wurde ich daselbst durch ein Attentat verwundet.

Nach meiner Rückkehr nach Österreich im Mai 1945 wurde ich im Auftrag des ZK der KPÖ als Sekretär der Partei im Land tirol eingesetz

In Österreich lernte ich meine jetzige Frau kennen. Ich heiratete 1950. Meine Frau war wegen ihrer politsc- hen Tätigkeit im Gefängnis und wurde nach vierjährigen Haft 1945 aus dem Konzentrationslager Ravensbrück befreit. Wir haben zwei Töchter, geboren 1951 und 1954.

Im Jahre 1947 nahm ich in Wien ein Studium auf, besuchte des Gymnasium und machte das Abitur. Auf Grund einer Übereinkunft zwischen der KPÖ und dem Zentralsekretariat der SED übersiedelte meine Frau und ich im Juni 1950 in die DDR. Von der Kaderabteilung des ZK der SED wurde ich auf die Verwaltungsakademie in Forst-Zinna delegiert und schlo mein Studium als Diplomwirtschaftler 1952 ab.

Nach dem Studium in Forst-Zinna wurde ich in der Staatlichen Planmmission [SPK] eingesetzt wo ich bis zu meinem Rentenalter im Jahr 1977 arbeitete. In der SPK und zeitweilig im Forschungsinstut bei der SPK habe ich mich längere Zeit mit der Volkswirtschaftlichen xxx Bilanzierung, mit modernen Methoden der Planung, wie Verflechtungsbilanzen und der modernen Rechentechnik beschäftigt. Die ltzten 10 Jahre war ich Leiter des Rechenzentrums. Für meine Tätigkeit in der Staatlichen Plankommission wurde ich mit dem VVO [Vaterländischen Verdienstorden] in Silber und Gold mir der Verdienstmedaille und dem Orden Bsnner der Arbeit, Stufe III ausgezeichnet.

Gesells haftlich bin ich gegenwärtig tätig in der Veteranenkommission bei der Kreisleitung der SPK, in der Sektion Spanienkämpfer, in der Arbeitsgruppe Spanienkämpfer und Lagergemeinschaften beim Bezirkskomitee der Widerstandskämpfer Berlin tätig. Auch im Rahmen der Historischen Kommission beim ZK der KPÖ führte ich Doku entationsarbeiten durch.

Während meiner xxxxxx Tätigkeit in der Staatlichen Plankommission war ich die meiste Zeit in den Abteilungsparteileitungen tätig.

Jäger

2. Bibliografie

2.1 Textausgaben der Reportage (Erstauflagen, chronologisch nach Erscheinungsdatum, ohne Anspruch auf Vollständigkeit)

Die drei Kühe. Eine Bauerngeschichte zwischen Tirol und Spanien, Amalien-Verlag, Madrid 1938, 48 Seiten. [Mit Illustrationen von Amado OLIVER MAUPRIVEZ]

Die drei Kühe. Eine Bauerngeschichte zwischen Tirol und Spanien, in: Das Wort. Literarische Monatsschrift, 4/1938, Jourgaz-Verlag, Moskau 1938, S. 13–24 (hrsg. von Bertolt BRECHT/Lion FEUCHTWANGER/Willi BREDEL). [Fotomechanischer Nachdruck erschienen im Verlag Rütten & Loening, Ost-Berlin 1968]

The Three Cows (Key-Books No. 8), Fore Publications, London 1939, 62 pages (translated by Stewart FARRAR). [Mit Illustrationen von Amado OLIVER MAUPRIVEZ]

Три коровы, in: Эгон Эрвин Киш/Вилли Бредель: Рассказы об Испании (Биьлиотека Красноармейца), Государственное Военное Издательство Наркомата Обороны Союза ССР, Москва 1939,

С. 3–21 (переьо с немецкого М. Живова).[2] [Die drei Kühe, in: Egon Erwin KISCH/Willi BREDEL: Erzählungen über Spanien (Bibliothek des Rotgardisten), Staatlicher Militärverlag des Volkskommissariats für Verteidigung der Union S[ozialistischer] S[owjet] R[epubliken], Moskau 1939, S. 3–21 (aus dem Deutschen übersetzt von M. SCHIVOV)]

Die drei Kühe, in: Egon Erwin KISCH: Abenteuer in fünf Kontinenten. Reportagen, Globus-Verlag, Wien 1948, S. 210–227 (mit einem Vorwort von Hugo HUPPERT). [Im selben Jahr erschienen im Universum-Verlag in Zürich sowie als Lizenzausgabe für die Buchgemeinde Wien]

Die drei Kühe, in: Österreichische Volksstimme. Zentralorgan der Kommunistischen Partei Österreichs (Wien), 20. Jänner 1950, S. 8; 21. Jänner 1950, S. 8; 22. Jänner 1950, S. 10–11.

Die drei Kühe, in: Der rasende Reporter, Aufbau-Verlag, [Ost-]Berlin 1950, S. 235–252 (hrsg. von Bodo UHSE).

Tri kravy, in: Egon Ervín KISCH: Dobrodružstvá na piatich kontinentoch, Práca, Bratislava 1951, str. 198–215 (preložil Rudolf TANDLMAYER). [Die drei Kühe, in: Egon Erwin KISCH: Abenteuer in fünf Kontinen-

[2] Tri korovy, in: Egon Erwin KISCH/Willi BREDEL: Rasskazy ob Ispanii (Biblioteka Krasnoarnejza), Gosudarstvennoe Voennoe Izdatelstvo Narkomata Oboroni Sojuza SSR, Moskva 1939, S. 3–21 (perevod s nemezkogo M. SCHIVOVA).

ten, Verlag „Arbeit“, Bratislava 1951, S. 198–215 (hrsg. von Rudolf TANDLMAYER)]

Die drei Kühe. Eine Bauerngeschichte zwischen Tirol und Spanien, in: Erich WEINERT (Hrsg.): Die Fahne der Solidarität. Deutsche Schriftsteller in der Spanischen Freiheitsarmee 1936–1939, Aufbau-Verlag, [Ost-]Berlin 1953, S. 285–303 (dem Generalsekretär der SED und stellvertretenden Ministerpräsidenten der DDR Walter ULBRICHT zum 60. Geburtstag gewidmet).

Tři krávy, in: Egon Ervín KISCH: Dobrodružství v pěti dílech světa, Státní nakladatelství dětské knihy, Praha 1955, s. 158–172 (přeložil Jarmila HAASOVÁ-NEČASOVÁ). [Die drei Kühe, in: Egon Erwin KISCH: Abenteuer in fünf Teilen der Welt, Staatlicher Kinderbuchverlag, Prag 1955, S. 158–172 (hrsg. von Jarmila HAASOVÁ-NEČASOVÁ)]

Tri krave, in: Egon Erwin KISCH: Pustolovine na pet kontinenata, Novinarsko izdavačko poduzeće, Zagreb 1958, str. 158–171 (s njemačkog preveo Slavko GRBEŠIĆ). [Die drei Kühe, in: Egon Erwin KISCH: Abenteuer in fünf Kontinenten, Presseverlag, Zagreb 1958, S. 158–171 (aus dem Deutschen übersetzt von Slavko GRBEŠIĆ)]

Die drei Kühe, in: Egon Erwin KISCH: Ein Schnellzug wittert Morgenluft und andere Erzählungen, Orbis-Verlag, Prag 1959, S. 177–194 (zusammengestellt von Gisela KISCHOVÁ).

Die drei Kühe. Eine Bauerngeschichte zwischen Tirol

und Spanien, in: Hans MARQUARDT (Hrsg.): Rote Zitadellen. Der Spanische Freiheitskampf 1936–1939. Eine Anthologie, Verlag Neues Leben, [Ost-]Berlin 1961, S. 237–253.

Die drei Kühe, in: Egon Erwin KISCH: Unter Spaniens Himmel, Deutscher Militärverlag, [Ost-]Berlin 1961, S. 65–84 (ausgewählt von Gisela KISCH, mit einem Vorwort von Bodo UHSE).

Die drei Kühe, in: Egon Erwin KISCH: Nachlese. Gesammelte Werke in Einzelausgaben. Band 6/10, Aufbau-Verlag, [Ost-]Berlin/Weimar 1973, S. 347–363 (hrsg. von Gisela KISCH und Bodo UHSE).

Die drei Kühe, in: Abteilung für Agitation und Propaganda des Zentralvorstands der Liga gegen den Imperialismus (Hrsg.): Adelante! Pasaremos!/Vorwärts! Wir werden durchkommen! Erzählungen, Reportagen und Dokumente aus dem spanischen Bürgerkrieg, Verlag Internationale Solidarität, Köln 1976, S. 161–174.

Die drei Kühe, in: Egon Erwin KISCH: Nichts ist erregender als die Wahrheit. Reportagen aus vier Jahrzehnten. Band 2/2, Büchergilde Gutenberg, Frankfurt a. M./Wien/Zürich 1979, S. 96–110 (hrsg. von Walther SCHMIEDING).

Die drei Kühe, in: Michael-Gaismair-Gesellschaft (Hrsg.): Gaismair-Kalender 1980, Selbstverlag, Innsbruck 1979, S. 95–105.

Die drei Kühe, in: Fritz HOFMANN (Hrsg.): Mensch auf der Grenze. Fünfundzwanzig Erzählungen aus dem antifaschistischen Exil, Verlag der Nation, [Ost-] Berlin 1981, S. 397–413.

Die drei Kühe. Eine Bauerngeschichte zwischen Tirol und Spanien, in: Günther CASPAR (Hrsg.): Carmen. Eine Anthologie. Prosa über den Spanischen Krieg aus der Zeitschrift „Das Wort“ 1936 bis 1939, Aufbau-Verlag, [Ost-]Berlin/Weimar 1986, S. 65–81.

Die drei Kühe. Eine Bauerngeschichte zwischen Tirol und Spanien, in: Das Fenster. Tiroler Kulturzeitschrift, 51–52/1991, S. 4919–4924. [gekürzte Fassung]

2.2 Rezeption und Fortsetzung der Biografie Max Bairs in Presse, Literatur und Lexika (chronologisch nach Erscheinungsdatum, ohne Anspruch auf Vollständigkeit)[3]

Klaus HAUPT: Egon Erwin Kisch und „Die drei Kühe“, in: Neues Deutschland (Ost-Berlin), 30. April 1982, S. 12.

Klaus HAUPT: Einer hat auf mich hingewiesen und Kisch hat dann gefragt …, in: Klaus HAUPT/Harald

[3] Die Bibliografie listet jene Publikationen auf, die sich rückblickend auf einen abgeschlossenen Lebensabschnitt Bairs beziehen. Aus diesem Grund bleiben jene tagespolitisch relevanten Zeitungsartikel unberücksichtigt, die 1950 im Zuge der Entführungsaffäre rund um Bair in diversen Zeitungen erschienen sind. Nähere Informationen hierzu liefert STEPANEK (2010), S. 152–157, 243.

WESSEL: Kisch war hier. Reportagen über den „Rasenden Reporter“, Verlag der Nation, [Ost-]Berlin 1985, S. 221–236.
Max BAIR: Zu viert von Tirol nach Spanien, in: Wochenend-Panorama. Beilage der Zeitschrift Volksstimme (Wien), 11./13. Juli 1986, o. S.
Max BAIR: Zu viert von Tirol nach Spanien, in: Vereinigung österreichischer Freiwilliger in der spanischen Republik 1936 bis 1939 und der Freunde des demokratischen Spanien (Hrsg.): Österreicher im Spanischen Bürgerkrieg. Interbrigadisten berichten über ihre Erlebnisse 1936 bis 1945, Österreichischer Bundesverlag, Wien 1986, S. 50–52.
Gerhard NEUREITER: Egon Erwin Kischs Mann mit drei Kühen, in: Salzburger Nachrichten (Salzburg), 3. Februar 1990, S. 10.
Gerhard NEUREITER: Stalins Säuberung entgangen. Flug an die Partisanenfront, in: Salzburger Nachrichten (Salzburg), 5. Februar 1990, S. 10.
Gerhard NEUREITER: Der Kalte Krieg nach 1945. Geheime Haft in Salzburg, in: Salzburger Nachrichten (Salzburg), 6. Februar 1990, S. 18.
Hans LANDAUER: Wie ein Wipptaler Bauer sein Vieh verkaufte, um Rotspanienkämpfer zu werden. Die Geschichte einer Novelle, in: Das Fenster. Tiroler Kulturzeitschrift, 50–51/1991, S. 4917–4924.
Waltraud KREIDL: Das ganze Leben war schön, in: Michael-Gaismair-Gesellschaft (Hrsg.): Gaismair-Kalender 1993, Selbstverlag, Innsbruck 1993, S. 41–44.

Günther SCHWARBERG: Drei Kühe und ein Leben, in: Zeitmagazin (Hamburg), 2. September 1994, S. 10–14.

Günther SCHWARBERG: Drei Kühe und ein Leben, in: Neue Volksstimme (Wien), 11. November 1994, S. 16–18.

Günther SCHWARBERG: Kisch und die drei Kühe. Wie der Bair Max gestorben ist und was ihn unsterblich machte, in: Neues Deutschland (Berlin), 3. August 2000, S. 3.

Lothar HEINKE: Drei Kühe gegen Franco, in: Der Tagesspiegel (Berlin), 18. August 2000, S. 3.

Hans LANDAUER (unter Mitarbeit von Erich HACKL): Lexikon der österreichischen Spanienkämpfer 1936–1939, Theodor Kramer Gesellschaft, Wien 2003, S. 56; seit 2011 online auf der Internetseite des Dokumentationsarchivs des Österreichischen Widerstands (DÖW), *http://www.doew.at/frames.php?/service/spanien/index.html* (30. April 2012).

Andreas HAUSER: Drei Kühe für Spanien, in: Echo. Tirols erste Nachrichtenillustrierte (Innsbruck), 07/2003, S. 70–75.

Benedikt SAUER: Kühe für die Republik, in: ff. Südtiroler Wochenmagazin (Bozen), 37/2006, S. 46–48.

Klaus HAUPT: Der Tiroler Bauernjunge Max Bair und „Die drei Kühe“, in: Lisl RIZY/Willi WEINERT (Hrsg.): Bin ich ein guter Soldat und Genosse gewesen? Österreichische Kommunisten im Spanischen

Bürgerkrieg und danach. Ein Lesebuch, Wiener Stern Verlag, Wien 2008, S. 69–76.
Friedrich STEPANEK: „Ich bekämpfte jeden Faschismus“. Lebenswege Tiroler Spanienkämpfer (Studien zu Geschichte und Politik, Band 13), StudienVerlag, Innsbruck/Wien/Bozen 2010, S. 145–158, 186.
Andreas HAUSER: Für Spaniens Freiheit, in: Echo. Tirols erste Nachrichtenillustrierte (Innsbruck), 01/2011, S. 48–51.
Florian GASSER: Drei Kühe für Spanien, in: Die Zeit (Hamburg, Österreichausgabe), 10. März 2011, S. 16.
Erich HACKL: Falsche Tiroler, in: Die Presse (online), *http://diepresse.com/home/spectrum/literatur/665901/Falsche-Tiroler* (erschienen am 27. Mai 2011).

3. Angaben zur Edition

Die abgedruckte Version der **Reportage** basiert auf der Ausgabe des Amalien-Verlags aus dem Jahr 1938. Neben dem Text wurden sämtliche Illustrationen, Buchschmuck, die ursprüngliche Einteilung der Kapitel sowie das Buchformat übernommen. Der Satzspiegel und die Positionierung der Illustrationen wurde leicht verändert. Die Rechtschreibung wurde in ihrer ursprünglichen Form beibehalten und auf etwaige Fehler mit der zeitgleich erschienen Textversion aus der Zeitschrift „Das Wort“ (April 1938) verglichen.
In den transkribierten Texten im **Anhang** sind grammatikalische und orthografische Fehler sowie erkennbare Korrekturen des ursprünglichen Verfassers nicht ausgebessert worden. Anmerkungen und Ergänzungen des Transkribenten stehen in [eckigen Klammern].

Bildquellen:

Reportage:
Die Fotos auf S. 5 und S. 17 sowie die Illustrationen von Amado Oliver Mauprivez auf S. 11, 20, 23, 27, 31, 35, 37, und 38 wurden der Originalausgabe, Amalien-Verlag 1938, entnommen.

Nachwort und Anhang:

Archiv des Museums der tschechischen Literatur: S. 51, 56, 146, 149.

Bibliothek im Tiroler Landesmuseum Ferdinandeum: S. 141, 154.

Corbis Bildagentur: S. 64, 69.

Deutsche Nationalbibliothek: S. 60, 142, 144.

Dokumentationsarchiv des Österreichischen Widerstands (DÖW), Sammlung österreichische InterbrigadistInnen: S. 76, 77, 85, 102, 110, 133–136, 156f.

Edition Raetia: S. 93.

España: Ministerio de Educación, Cultura y Deporte. Centro Documental de la Memoria Histórica (PS-Carteles, 481): S. 65.

Gallica – Bibliotheque nationale de France: S. 84.

Hamburger Kunsthalle: S. 45.

Sammlung J. Gatterer: S. 88, 89, 111.

Sammlung Sergio Rodriguez (www.lahistoriadelapublicidad.com): S. 68.

Universitäts- und Landesbibliothek Innsbruck: S. 152.

Für die Unterstützung der Recherchen, für Übersetzungen, Korrekturen, die freundliche Überlassung von Foto- und Quellenmaterial sowie für wichtige formale und inhaltliche Beiträge dankt der Herausgeber Corinna Alber, Agnese Di Giorgio, Janet Farrar, Irene Filip, Peter Goller, Verena Hohenstein, Johann Holzner, Friedrich Stepanek, Michael Suen, Nada Vrsalovic, Anna Zagoruyko.

Inhaltsverzeichnis